THE MARRIAGE COUNSELING BOOK

マリッジ
カウンセリング
ブック

心理カウンセラー
吉池安恵

出版芸術社

第5章　見える暴力、見えない暴力

第6章　自分一人では治らない依存症

第7章　人生100年時代の結婚生活

第8章　結婚を破壊する見えない要因

はじめに

人生80年時代といわれて驚いていたのがついこの間と思っていたら、昨今では人生100年時代ともいわれるようになりました。2015年の厚生労働省統計情報部「人口動態統計」によると、平均初婚年齢は夫が31・1歳、妻が29・4歳になっています。とすれば、70年もの長きにわたって夫婦は一緒に暮らすことになります。夫が定年を迎え夫婦が二人きりで暮らす時間も、かつては10年でしたが、今や30年以上です。そうなると、毎日顔を付き合わせて、いがみ合ったり我慢したりでは耐えられません。当然、夫婦の関係もかつてと同じというわけにはいきません。仲良く楽しい時間を過ごすためには、何かを変える必要があります。現在はその何かを模索する時代に入っていると考えられます。そのためでしょうか、マリッジカウンセリングに来る人たちが増えてきました。今のままで30年、40年も一緒に暮らすのは嫌だ。変わってほしい、変わらなければばと、どちらもが思うようです。

本書では相談件数の多い問題を中心に、これからの夫婦がどう向き合っていくかについて、具体的な夫婦関係を取り上げながら解決策を読者の皆さんと一緒に考えます。

第1章　夫婦げんかはどう収める？

夫婦間のけんかは相談理由で多いものの一つです。「けんかがエスカレートして、半端じゃないんですよ」「二人で話し合おうとしても話にならないし」「だいたい、端から話し合いができないんですよ」「けんかになるとつい手が出てしまうこともあって、暴力沙汰になるんじゃないかと怖いんです」「子どもがおびえているのを見るのも嫌だし」……などと多くの人が訴えます。「このままでは結婚が破綻してしまう。今のうちに何とかしたい」というのが来談の理由です。

ところが不思議なことに、「どんなことでけんかするのですか?」と聞いてみると、たいていのカップルは、「実のところ、あまりよく覚えていないんです。取るに足らないつまらないことで始まって、それがだんだん大きくなっていくんです」と答えます。

また、いつものけんかの始まり

哲也さんと香織さん夫婦も、けんかが多くて疲れてしまうといいます。こんなことが一生続くかと思うと堪えられないということでやってきました。どんなことでけんかになるか聞いてみました。けんかの始まりはいつも些細なことのようです。

「まだお皿洗ってないの？」

お風呂から上がった香織さんがソファーにあぐらをかいてゲームをしている夫にそう言ったことから始まりました。

「分かってるよ。これが終わったら洗おうと思ってたんだ」哲也さんは明るく答えました。

「終わったら終わったらと言うけど、いつになったら終わるの？　もう十時よ」

香織さんの言葉は少しとげとげしています。

「何回も言わなくても分かってるよ。子どもじゃないんだから」

「そんなこと言って、全然分かってないじゃない！」

「うるさいな。要するに僕がゲームをしてるのを見るのが嫌なんだろう。見なきゃいいじゃないか。寝ればー。明日の朝起きたときにはちゃんと片付いているから」哲也さんは面倒くさそうに言いました。

「私はあなたのそういう態度が嫌なのよ。人の言うことを真剣に聞いていないんだから」

だんだん香織さんのテンションが上がってきます。

「靴下はこんなところに脱ぎっぱなしだし。本当に自分勝手なんだから。私がどんなに大変か全然考えてないんだから」

「じゃ、そっちは僕のことを考えてくれてるの！　一日中働いて疲れて帰って来て、片付ける前にちょっと息抜きしたいっていう気持ちは分かっているというの？」

「私だって働いているのよ。その上帰って来て食事も作ったのよ。あなたが洗うの当たり前じゃない」

「分かってるよ。だから洗わないなんて言ってないよ。洗うって言ってるじゃないか」

「ああ言えばこう言う。あなたはいつだってそうよ。都合が悪くなるとそうやって大声出すんだから」

「もういいよ。ゲームもできない」

「ゲームと私とどっちが大事なの。どうせあなたはゲームの方が大事なんでしょう」

「そんなこと言ってないだろう」

「あなたのやってることはお義父さんにそっくり」

「親父がどうしたっていうんだ！」

「お義母さんが言ってたわよ。お義父さんは自分勝手な人だって」

「どうして関係ないことを持ち出すの。今、そういう話をしてないだろう」

「そうやってすぐ怒る！　もういいわよ」

荒々しい足音で香織さんは寝室に行き寝ようとしますが寝付けません。1時間程悶々として、香織さんは怒りがこみ上げてきました。居間に戻ると夫はまだゲームを続けています。

「片付けたの？」

「片付けたよ！」

確かに食器は洗ってあります。でも、流し台の周りは水がはねたまま、洗い桶も香織さんがするように洗って立てかけてはありません。シンクの真ん中に出しっ放しです。

「片付いてないわよ」

「洗ってあるだろう」

「食器は洗ってあるけど、周りがびしょびしょじゃない。最後まできちんとしてくれなきゃ片付けたことにはならないのよ」

「うるさいな。寝たと思っていたら出てきて、点検ですか？　信用してないんだ。もういいよ」

哲也さんはゲームをやめて風呂に入りました。シンク周りをきれいにしながら香織さんはため息が出ました。これから何年一緒に暮らすのか。毎日毎日文句を言い、口争いをしていく人生を考えると暗い気持ちになりました。こんなことが何回か続いた後、香織さんは、自分たちのこれからについて考えたいからカウンセリングに行きたいと提案し、哲也さんもしぶしぶやってきました。

お互いの事情を知らずに……

オフィスでいきさつを話す二人は落ち着いていて、穏やかでした。

「その日私は先輩に嫌みを言われて、少しへこんでたんです。だから少し、いらいらしていたと思います」と妻。

「エッそうなの？　そんなこと言ってなかったじゃないか」夫

「言ったって不愉快な思いをさせるだけだし、言わなかったのよ」妻

「言ってくれれば、僕だってもう少し香織の気持ちを考えたと思うよ」夫

「実は僕もとっても疲れてたんだ。クライアントにその日渡す書類を後輩ができてなくて、でき上がってても間違いだらけで、それを一日中手伝ったんでくたくただったんだ」

と夫は続けます。

「あなたもそんなこと言わなかったじゃない」妻
「会社のことは家に持ち込まない主義だから」夫
「お二人とも相手のことを思っていたんですね」と私が口を挟みました。
「そうだったんだ〜」夫、妻
状況が分かった二人は、どうしてけんかになったか。これからどうしていったらいいのか、前向きに話し合う気持ちが出てきました。

夫婦げんかの理由1〜10

25歳〜34歳の既婚の男女400名に行った「夫婦げんかの実態」についての調査（アイリサーチ調べ）によると、けんかの理由ベスト10は次のようになっています。（複数回答形式）

1位　言い方が乱暴・キツいなど、言葉づかいや物言い（33・2％）
2位　モノを片付けないなど、生活態度（29・8％）

3位　帰宅時間を連絡してこないなど、コミュニケーション不足（27・5％）
4位　家事をしない・手伝わないなど、家事のやり方（23・1％）
5位　給料や生活費の不足など、金銭面（19・7％）
6位　行きたい場所やしたいことが違うなど、休日の過ごし方（13・9％）
7位　互いの実家・親兄弟との付き合い方（13・2％）
8位　帰宅時間が遅いなど、生活時間帯（12・5％）
9位　欲しいものが違うなど、趣味・好みの不一致（12・2％）
10位　相手の金遣い（10・8％）

この結果から見ると、けんかの理由は日常の態度やコミュニケーションといった普通の生活の中にあることが分かります。それが相談に来るまでエスカレートするのはなぜでしょうか。

私が正しい、僕が正しい

けんかの理由はそのときどきで違いますが、その根の所は同じです。つまり、どちらも譲りたくない。自分が正しいと思っているからけんかになるのです。自分が正しければ相手は間違っている。間違っている方が誤りを認めるのが当然。ここはその間違いを正してやるべきという上から目線の態度ですから、相手は面白くありません。当然、相手も自分が正しいと思っており、変えるべきはそっちだと主張して、ぶつかり合うことになります。引いてしまえば引いた方が間違っていることになりますから、双方ともとても譲れないのです。本当にそうでしょうか。たいていのことはどちらが正しい、間違っているということではなく、単なる意見の違い、考え方の違い、感じ方の違いなのではないでしょうか。

哲也さんと香織さんのその後

後片付けをすると約束していた哲也さんが片付けないでゲームをしていたのは確かに約束違反です。ですから香織さんは自分が正しい、相手は間違っていると鬼の首でも取ったように相手を責めました。責められた哲也さんも自分が悪いことを知っています。でも、片付ける気持ちではいたし、その前に少し息抜きしたいと思っていただけなのです。

食事のときに今日がどんな日だったかを二人で話し合っていたらどうでしょう。

「今日は疲れちゃった」
「どうしたの？　何かあったの？」
「先輩が嫌味な人で、まあ、それはよくあるんだけど、何だか落ち込んじゃった！」

「そうか、そういうときはまあ、ビールでも軽く一杯いきますか？」

「そうだね、いまさらどうしようもないしね」

「香織はそういうところがえらいよね。気持ちの切り替えが上手にできるよね」

「そういうわけじゃないけど、先輩は独身で話し相手もいないしね。私にはあなたがいるけど」

「そう考えるんだ。えらい！　実は僕も仕事が次から次で、いい加減疲れていたんだ！」

「そうか、二人とも疲れてたんだ！　後片付けしてもらうの悪いね」

「そりゃ当たり前だよ。香織はへこんでいたのに料理まで作ってくれたんだから」

「じゃ、先にお風呂入るね」

「うん、香織がお風呂に入っている間に洗っとくから」

とスムーズな展開になったかもしれません。

憶測で判断しない

「この頃仕事が忙しくて」
「仕事がうまくいっていなくて」
「上司がわからずやで、ストレスが多くて」
「子どもが夜起きて、寝不足で」
「仕事と家事で疲れていて」

けんかになる理由はいろいろです。人は自分自身がアップアップしている状態では、なかなか相手のことを思いやることができません。まずは自分自身のことを考えるのは当たり前のことです。そういう状態のときにけんかになりやすいのです。

「飯どうするの?」
「この頃なにげに部屋汚いよね」

「あの書類どこにあったっけ?」などと、のほほんとした調子で言われると、カチンときて、普段なら聞き流せる言葉が聞き流せません。

「私は飯炊きじゃないのよ」

「汚かったらあなたが掃除すればいいじゃない」

「書類の管理ぐらい自分でしてよ。私はあなたの秘書じゃないんだから」

「そんな言い方しなくてもいいじゃないか」

それを聞くと、相手はますますカリカリきて、「いい加減にしてよ。私はどうせ元々そういう女です」と捨て台詞を吐くこともあるかもしれません。

人は、自分だけが大変だと思い込みがちです。でも、自分が大変なとき、もしかしたら相手も同じように大変かもしれないのです。そのことがお互いに分かればけんかは避けられることが多いのです。夫婦といえども何もかも相手のことが分かるわけではありません。分からないと、憶測で判断したり、思い込んでしまうこともありがちです。それが当たっていればいいのですが、間違っていると関係がぎくしゃくしてしまいます。

正しい状況を互いに伝え合うことは夫婦だからこそ大切といえます。

話の腰を折らずに、とりあえず聞く

「今日は疲れちゃった。大変な一日だったの!」

「僕だってそうだよ。ヘトヘトだったよ」

妻の話を全部聞かないで、自分のことを持ち出すのはタブーです。妻は自分の話を聞いてもらいたがっているのです。それなのに話の腰を折って自分のことを持ち出したら妻は「私の話を聞こうとしないんだから」という気持ちになって会話はストップ。

では、どうしたらよかったのでしょうか。

「今日は疲れちゃった。大変な一日だったの!」と言ったときは
「何があったの?」とまずは話を聞くことで、妻に対しての関心を示します。その言葉を聞いて妻は「それがさ~」と話を続けることができます。そして、最後に夫が「そう

か」「そりゃ大変だったね」で締めくくることで、妻の一日の大変さは半減するのです。

ちょっとひとこと

多くの人がけんかするほど仲がよいと思っているようです。そんなことはありません。けんかは多いほど、関係は冷えていきます。けんかと、思っていることを伝えることは別のことです。互いに思っていることをけんかしないように穏やかに、でも、必ず伝える。聞いた方も話しを受け止め、反論があったら黙っていないで自分の気持ちを伝える。互いに納得する。そうすれば、きっと仲がよくなることでしょう。我慢は、マグマになっていつか爆発します。安全のためには、その前に、上手に小出しにしましょう。

第2章　浮気がバレたら……

かつて夫の浮気がバレるのは、帰って来たときに化粧品の匂いがする、シャツに口紅が付いているなど曖昧なことが多く、証拠としてははっきりせず、ごまかされてしまいがちでした。最近はスマホをトイレや風呂場に持ち込む、ロックを掛けるなど、行動の疑わしさから発覚することが多いようです。着信履歴は一般に残っていることが多く、決定的な証拠とされてしまいます。LINEやSNSでの書き込みや写真なども配偶者の目にとまることが多々あります。その意味では、バレやすい環境になってきています。

浮気は、発覚すれば、配偶者にとっては許しがたいことで、大きな問題になりますが、男性と女性では浮気に対しての態度が少し異なるようです。男性の場合は浮気に対する深刻さが乏しく、たとえ浮気はしていても離婚までは考えず、結婚生活は続けたいと願う人が多いようです。そのためバレた場合には、妻に謝って、カウンセリングで何とか関係を修復したいと考えるようです。女性の場合は、浮気がバレた時点で、今まで夫に対して抱いていた恨み辛みが吹き出し、開き直って「自分は悪くない」と言い張るなど、離婚も覚悟の上というケースが多く見られます。逆に夫の方が「何とか妻を浮気相手と別れさせたい、結婚生活を修復したい」とカウンセリングを望むケースが多いようです。

スマホで見つけた浮気の証拠

「主人が浮気してたんです」

部屋に入ってくるなり、そう切り出して絵美さんは涙を流しました。耕太さんは黙っています。

「どうしてそう思われたのですか」

「スマホを見ちゃったんです。お風呂に入るときもトイレに行くときも、いつもスマホを手放さないので、前々からおかしいと思っていたんですけど、昨日主人がスマホをうっかり居間のソファの上に置いたままロックもしないで子どもと庭でキャッチボールをしてたので、いけないことだとは分かっていたんですけど、開けて見たんです。信じられませんでした。明らかにセックスを思わせるきわどい言葉がいきなり飛び込んできて、ドキッとしました」

「主人は戻ってきてから、すぐに気が付いてロックを掛けましたが、もう許せません」

結婚12年。大学で知り合い、付き合い期間を含めると16年。お互いによく分かり合っていて、ずっと仲がよかったと言います。妻は大学を卒業して勤めた会社では総合職として能力を発揮していましたが、出産を機に仕事を辞めました。夫は穏やかな優しい人。妻は少し口うるさいけれども家族第一の人。出張の多い夫を気遣い、家のこと、子どものこと、夫の実家との付き合いまでしっかりこなす文句のつけようのない妻でした。ところが彼の昇進で仕事が忙しくなり、疲れが目立つようになった頃から関係が少しずつ変わってきたと言います。

「絵美はいいよな〜。気楽で」と夫に言われると、絵美さんは夫は分かっていないと思います。自分だって仕事をしたかった。でも、家庭のために辞めた。辞めた以上は家庭の中で自分のベストを尽くしたいと自分なりに頑張ってきた。決して気楽に過ごしているわけではない。自分が元気で楽しくしていなかったら仕事を辞めた意味がない。だから頑張っているのに、夫は気楽だという。分かっていない。自分の頑張りを認めてもらえないのにがっかりしました。それでも何も言わず、自分なりのベストを尽くしていました。ただ、二人の間に何となく隙間ができたように感じられました。以前は夫は会社のこと、同僚のこと、仕事のことなどよく家で話し、絵美さんも子どものこと、PTAの行事やママ友たちのこともあれこれ話していました。最近は、夫はだんだん会社のことを話さなくなり、絵美さんの話にも上の空になってきました。自分たちは大学のときからソウルメイトと思ってきた絵美さんは寂しく思いましたが、忙しいからしょうがない、健康にだけは気をつけてあげようと食事に気を使っていました。しかし、外で済ませてくることが多くなり、つい絵美さんは「外食ばかりじゃ、体によくないからもう少しは家で食べるようにして」と口出しをするようになりました。

「分かってるよ。でも、付き合いで断れないんだよ」と、耕太さんの返事はいつも同じです。

だんだん夫のための食事を作らなくなり、子どもと二人で息子の好物を食べるように

なってしまいました。そんなある日急に帰って来て、

「これが僕の健康にいい食事っていうわけだ」と嫌味を言います。

「やめてよ、そんな言い方。あなたが帰ってくるのが分かっていたら別のもの作ったわよ。いつ帰ってくるか分からないんだからしょうがないじゃない。連絡さえくれないんだから」

「仕事がいつ終わるか分からないんだから連絡できるわけがないだろう。働いてない者には分からないよ」

耕太さんも絵美さんの言い分は分かります。でも、疲れているとなぜかとげとげしくなってしまいます。

「私は好きで仕事辞めたわけじゃないわよ。あなたと相談して家族のために辞めたんじゃない！」

「分かってるよ。その通りです。もういいよ」

そうしたことが重なっていたときに忍び込んだのが同じ部署にいる女性でした。仕事

が終わって、一緒に飲みに行ったり食事に行ったりしている内に互いの仕事の内容がよく分かっている分話が弾み、親しくなっていったようです。

耕太さんは妻を愛しています。子どもも大事です。家庭を壊そうなどと考えていないし、離婚をするなども全く考えていませんでした。自分が妻を裏切って浮気するなど想像もしていませんでした。しかし、若い女性とのセックスは新鮮で、自分が若返るような喜びがありました。後ろめたい思いはありながらも関係は深まり、のめり込んでいきました。スマホで彼女の声を聞くだけで元気が出てくるような気がしました。絵美さんに見つかり、責められ、「このままでは離婚」と言われ、自分のしていることの重大さに初めて気付きました。

浮気がバレた後の修復には時間がかかる

「これからどうしていきたいですか？　奥さんと別れてその方と結婚なさりたいので

しょうか？」

「そんなこと考えてもいません。家庭は大事に思っています」

「ご自分のなさったことを悪かったと思っておられますか？」

「もちろん、妻には申し訳ないことをしたと思っています」

「きちんと謝られましたか？」

「もちろん謝りました」

「どんなふうに謝られたのですか？」

「悪かったと思ってると言いました」

「絵美さんは謝ってもらったと思っていますか？」

「いいえ、謝ってもらってません」

「謝ったじゃないか！」

耕太さんは謝ったつもりでも、絵美さんは心からの謝罪ではないと思っていたのです。

ここで私は介入しました。

「ご主人のおっしゃったことは謝ったことにならないんですよ。謝るというのは『悪かったと思っている』などという軽い言葉で片付けられるものではありません。それでは何が悪かったのかよく分かりませんよね。そうではなく、『僕は絵美を裏切り、傷つけてしまった。理由は何であれ許されないことをしてしまった。許してほしいというのは身勝手かもしれないが、それでもお願いだから許してほしい。もう二度とこんなことはしないと約束する』というのが謝るということなんです。ここでもう一度ちゃんと絵美さんに謝ってください」

そう言われて、耕太さんは、しどろもどろながら、自分の言葉で絵美さんに詫びました。絵美さんはそれを受け入れ、やり直そうと決めました。

私は耕太さんに、「すべてをオープンにする」「スマホにロックは掛けない。妻はスマホをいつ見てもいい」、そして「妻が相手の女性との関係で疑問に思ったことには、どんな質問にもきちんと答える」ということを約束してもらいました。

一方、絵美さんには一人で来てもらい、夫との新しい関係の構築のために努力する手伝いをしました。自分たちはソウルメイトだと勝手に思い込み、なおざりにしてきたことはなかったか、今回のことから学んだことは何だったかから始まり、自分はどんな人生を生きたいのか、夫とどう関わっていきたいのかなどを話し合いました。絵美さんも自分の側にも反省すべきところがあったのを認め、また、今回のことからの学びの大きさに気付き、痛い代償だったけれど起こったことはそれなりの意味があったと納得しました。「雨降って地固まる」を信じよう、もう一度夫を信じようと決心しました。でも、二人の本当の和解までには1年近く掛かったのです。

忘れようと思っても忘れられない

カウンセリングは最初の一カ月は週に一度、その次の月は隔週、三カ月目からは月に一度のペースで約一年続きました。ときどき二人で、ときには耕太さんのみ。その他は絵美さんだけという形でした。絵美さんのカウンセリングが多かったのは、それだけ彼女が傷ついていたからです。ときどき思い出して苦しくなったり、将来に対して絶望的になったり、怒りがこみ上げてきたり、自分でも感情の起伏をコントロールするのが難しかったことに加え、子どもの頃の両親の関係のなかで自分が蓋をしてきたことも思い出したからです。絵美さんのお父さんはとても子煩悩で、絵美さんはお父さんが大好きでした。でも、大人になってから父親が浮気をして母が苦しんでいたことを知りました。だから自分は絶対に浮気をする男とは結婚しないと決めていたのです。ところが、自分の夫も浮気をしたのです。それでも、父親を嫌いになれないように、夫のことも嫌いにはなれませんでした。絵美さんはそういう自分を許せないと思ったのです。こんなふうに複雑な思いを抱えて、絵美さんは苦しみました。私と話すことで心が楽になり笑顔で帰ったと思ったらまた苦しくなり、急に会いたいと電話がかかってくることもありました。

愛する人に裏切られることは本当に苦しいことです。耕太さんも絵美さんの苦しみを見て本当に後悔しました。彼自身、妻を裏切った自分を許せない思いで苦しみました。

心理学者のユングは、今起こっている苦しみの意味を考えることを教えています。「将来になって今を振り返ったとき、苦しみの中で学んだことの意味が分かる。そのためにこそ今がある」と考えました。耕太さんは、もう二度としないから忘れてほしいと絵美さんに懇願しました。絵美さんも忘れたいと思いましたが、忘れられないというのです。当然です。

記憶は薄れることはあっても、なくなることはないのです。起こったことは変えられません。ならば事実を受け入れて、新しい関係を作り上げるしかないのです。大切なのは二人の未来です。骨折した箇所が強くなるのと同様、以前よりもっと深い関係、強い関係を作り上げることはできます。不完全な人間同士、不完全さを受け入れることでもっと深い理解や愛が生まれるはずです。

一年間私の前で包み隠さず正直に思いを話し合い、二人はとてもよい関係を築くことができました。「私たちは今度やり直し旅行に行くことにしました。新婚旅行ではなく新生旅行です」と晴れやかな笑顔を見せてくれました。二人は、新しい形でもう一度結婚をしたのです。

浮気の定義は一つではない

浮気の類語に不倫、不義、姦淫、情事、不貞などいろいろありますが、どれも結婚相手あるいは決まった恋人を持っている人が、隠れてパートナー以外の人と関係を持つことを言います。近年主として使われている言葉は浮気と不倫が多いようです。不倫は明らかに浮気相手と性的な関係を持ち、それが一定期間続いた場合を言うようです。一方、浮気に関してはキスをしたら浮気とか、別の人を好きになったら浮気とか、ラブラブなメールを交換したら浮気など、個人により定義が異なるようです。ただ、民法上の定義は肉体的な関係がある場合をいうようです。その場合も一回きりの関係の場合には、法律上は不貞とはいえないこともあるようです。また、風俗に行くのは浮気かという判例では、恋愛感情がなくても肉体的な関係があれば浮気と見なされるようです。ただし、既に結婚が破綻している場合に配偶者以外と関係を持っても不貞とはいえないなど、ケースバイケースのようです。

夫が風俗に行ったのがバレて妻は浮気だと怒り、一方夫は体に溜まったものを処理してもらっただけだと主張し、折り合いがつかずけんかになり、カウンセリングにやって来るカップルもいます。カウンセリングではまず、さまざまな考え方があることを知り、自分の考え方を相手に知ってもらい、どう折り合いをつけるかを話し合うことから始めます。最初から自分が正しい、相手は間違っていると思うのはけんかになるだけで解決には結びつきません。夫婦二人で話しているとどうしても自分が正しいという主張から抜け出すことができず、泥沼になるだけです。といって親、友人に相談するのはどちらか一方の味方になりがちということで、公平な専門家の意見が聞きたいとカウンセリングに来ることが多いようです。

浮気は夫婦間の信頼を損ねる

多くの人は浮気がバレると、しまったと思い何とか取り繕いたいという気持ちになります。そのため「嘘は言わないで全部話して！」と妻に攻め寄られると、多くの人は、分かってしまったことは仕方ないが、知らないことまで言って事を大げさにしたくないと思うようです。そのため、妻が知っていそうなことだけは認め、全部は話したがらない傾向があります。これはたいていの場合間違いです。いろいろ問い詰められている内にだんだんボロが出てきて、辻褄が合わなくなり追い詰められます。つまり、事実を小出しにしていると、嘘が次々と発覚してきます。そうなると妻は「最初に言ったのが全部じゃなかったの？　まだ何を隠しているの？」とさらに疑いを持つようになります。そうなると、夫を信じたい、信じようと決心していた心がまた裏切られてしまいます。最初に全部話せば、双方にとって辛いかもしれないけれど一度の裏切り、一度の嘘で済みます。しかし、小出しにして小さな嘘が次々出てくると、その度に裏切られた気持ちになります。まだ何を隠しているのだろうと思うと、とても相手を信じることができません。浮気で一番ダメージを受けているのは夫婦間の信頼関係です。パートナーを信じていたのが裏切られた、つまり信頼を失ったということです。一回の嘘なら、きちんと謝って妻も修復の努力をしようと、夫も信頼を取り戻そうと努力するかもしれません。しかし、嘘が重なると、信頼は持てません。次は何が出てくるのだろうと疑いの目で相手を見るようになってしまいます。信頼のない夫婦関係は泥沼です。何度も言いますが、浮気で傷ついているのは時間を掛けて夫婦がそれまで築いてきた信頼関係です。人間関係で信頼を失うことの大きさがいかに大きいか、真摯に受け止めることが必要です。

女性の浮気が増えた理由

女性が自分自身の浮気相手との関係のもつれで相談に来るケースはそれ程多くはあり

ませんが、少しずつ増えてきており、これは今までになかった兆候で驚いています。なぜそうしたことが多くなってきたのか、クライアントの話を聞いて私なりに現状を分析してみました。

1．夫が嫌いになったわけではないが、夫は自分を子どもの母親と見ており、自分も夫を子どもの父親と見ている。その意味で大切な人であり、子どもを育てていく上では信頼できるパートナーである。しかし、夫との関係は男女の関係ではなく、家族、父母の関係のみ。経済的にも必要だし、別に問題もないので、少なくとも現時点で離婚は考えていない。

2．夫は自分を母親としか見ておらず、女性と見ていない。しかし自分は女であることをやめたわけではなく、性欲がなくなったわけでもなく、女性として扱ってくれる人とは関係を持ちたいと思う。自分を女性として認めてもらいたい。誰かに愛されたい。それは肉体的な欠乏感以上に、精神的な欠乏感を持っていることを伺わせる。

3．浮気がバレた場合、もちろん離婚を望んでいるわけではないが、かといって謝って夫に許しを請い、夫との生活を続けていこうとは思っていない。子どもが巣立った後、二人だけで暮らすなど考えられない。夫が別れようというなら離婚は仕方ないと思っている。ある意味では、浮気に際して覚悟ができている。

一方男性の場合、浮気が妻にバレて責められた場合、謝って妻との関係を修復したいと願う人が大方です。浮気をすることの意味が夫と妻との間で異なるようです。夫の場合、「妻との間に性的な関係がなくなり、その欠けている部分を補いたいだけで、家庭を壊す気はない」というのが大方です。もちろん妻との精神的なつながりのなさに寂しさを抱えて気持ちの支えを得たいと願い、そうした人を見つけた場合は離婚を考える人もいます。

こうした状況を見ると、気持ちのつながりをなくしたときの寂しさが、他の相手を求めるかどうかのポイントになっているようです。人生80年時代、さらには100年時代への変化と共に、生き方、考え方が変わっていくのは必然なのかもしれません。

配偶者への気持ちが冷めた

結婚したての新鮮さが消え、非日常がなくなり、全てが日常になればドキドキするような気持ちはもちろん、弾む気持ち、ときめきも消えてしまいます。何もかもルーティン、当たり前です。変化のないマンネリの生活。これがいつまで続くのか、自分が望んでいたことはこれだったのか。一生このままでは嫌だ。何か変化が欲しい。今の状況を打破したい。浮気はそうした気持ちのざわつきの中で起こることが多いのです。

人にとって、新鮮なものほど好奇心が刺激されるので好ましいと感じ、同じもの、古いものは飽きやすいということは頭に入れておく必要があります。

浮気の誘因が多様化してきた

浮気は動因があり、誘因があり、状況が許せば多くの人にいつでも起こり得る行動です。この内、動因は生理的な要求によって起こるものですから、昔も今もあまり変わりません。昔と今とで変わってきたのは誘因と状況です。

現在ではいろいろなところで人の気持ちを誘うようなものがあります。キャバクラ、ソープランド、デリヘル、ヘルスなどなど、男性の性的な要求（動因）を満足させてくれそうな誘因が至る所で目につきます。１９５８年に売春防止法が施行されたにも関わらず、法の目をくぐる誘因はどんどん増え続けています。それ以外にネットによる誘因もたくさんあります。いわゆるアダルトサイトは家にいながらいつでもつなげることができる大きな誘因です。

出会い系サイトも急増しました。現在では規制法の影響もあり出会い系サイトの乱立は落ち着きSNSとLINEを利用した「出会い系」が「最前線」になっているようです。こんなふうにして手軽に自分の内なる要求を満たすことのできる誘因も状況も備わってくると、人は誘惑に負け、あるいは好奇心に駆られ浮気に走ることもあります。

セックスレスと浮気

浮気で生理的な要求が満たされれば、配偶者とのセックスが少なくなってくるのは必然です。しかも、インターネットによる手軽な浮気は男性だけでなく、女性にとっても、浮気を可能にするようになりました。今までは、夫とのセックスレスに不満を抱えていても、専業主婦などの女性は男性に比べて浮気相手を見つけることが難しかったのですが、インターネットであれば、子どもを学校に送り出し、子どもの帰るまでは十分に時間があります。家にいながらにして、見知らぬ男性と性的な話をすることもできるのです。顔が見えない、自分の素性を明かさなくてもいいとなると、人は大胆になりがちです。夫とも話せなかったような性にまつわる話を楽しむことができるのです。一旦たがが外れると、それはエスカレートし始めます。子どもを送り出した後の楽しい時間になって、セックスチャット依存症になった女性もいます。それで収まっている間は、あまり問題もありませんが、高じてきて、相手と実際に会いたい、実際のセックスを楽しみたいとなると問題です。言葉巧みに誘われ、遂に出かけて行ってしまう。禁断の実を食べたイヴのように、家庭を顧みず泥沼にはまっていくケースもあります。彼女たちは「夫だって何しているのだか分からないんだから」と自分を正当化しますが、こうした行動の行き着く先を考えたことはあるのでしょうか。いずれにしても、夫婦間のセックスレスが浮気につながり、果ては離婚や家庭の崩壊につながることは多いのです。

マンネリからの脱却

判で押したような同じことの繰り返しは人の心に飽きを生じさせます。これは当たり前のことなのです。だから、その当たり前の生活の中に小さな変化、楽しみ、喜びが必要なのです。相手を喜ばせたいという細やかな努力、共通の楽しみを作り出すことが大切です。結婚のはじめには「相手を幸せにしてあげたい」という気持ちを、誰でもが持っていたのです。マンネリから脱却するには、結婚したばかりの初心に返ってみることです。夫も妻も相手を大切にする努力を怠っていると、心も体も離れ、越えられない溝ができてしまいます。昔を思い出してください。

絶対許せないことなどない

人は誰でも間違いをします。私は絶対間違いなどしませんと言う人も、もちろんいるでしょう。でも、自分で気がついていないだけでどこかで間違いをしているかもしれません。間違いをしないことはよいことですが、もっと大切なことは間違いから学ぶ姿勢があるかどうかです。親鸞は「歎異抄」の中で、「善人なおもって往生をとぐ、いわんや悪人をや」と教えています。間違いをした人は自分が間違いをしたことを知っており、悔い改めて謙虚でいることができます。善人は自分は徳を積んでいる、よいことをしているという奢りがあります。ある意味では傲慢です。お釈迦様は悔い改め、身を低くして仏におすがりする素直な人を受け入れてくれるのです。これはキリストの教えでも同じです。悔い改め、全てを神に委ねる人を神は神の子として受け入れてくれるのです。

どちらも間違いを犯したことを心から詫び、悔い改めるならすでに許されているのです。

浮気相手と結婚してはいけない

夫と、あるいは妻と別れて浮気相手と結婚した場合、幸せになる確率は低いと考えるべきです。実際私の所に来られる人で、何度も結婚、離婚を繰り返している人は、浮気相手と結婚していることが多いようです。なぜ同じことを繰り返しているのでしょうか。

どんなときに浮気をするか考えてみてください。たいていは配偶者に不満を持っているときです。二人でいて楽しくて仕方ない人、二人で話したり、一緒にテレビを見たりして笑いの絶えない関係にある人が浮気をするケースは少ないものと思われます。表面上はともかく、内心面白くない、家にいても楽しくないというとき、自分の居場所を別の所に求めるのが一般的です。家から逃げ出したい。妻(夫)と同じ所にいたくない。そうしたときに出会った相手は、パートナーといるよりいいだけで、その人自身をとりわけ愛しているというわけではありません。あくまでも比較の問題です。ですから、いざ離婚してその人と結婚すると、今度はその人の嫌なところが見えてきます。こんな人じゃなかったのに、これならなにも離婚してまで結婚することはなかったのにと、不満が出てきます。そしてまた、そこから逃げ出したくなってしまうのです。

もし配偶者と一緒にいるのがどうしても堪えられないのなら、浮気をするのではなく離婚することです。離婚した後に誰かを好きになり、その人と結婚するのならOKです。一度離婚すると、離婚処理の大変さが身に沁みます。二度と離婚はしたくないという気持ちになり、再婚するのが慎重になります。本当にこの人と最後までやっていけるだろうか、いろいろな角度から相手を観察します。最初の結婚の問題は何だったのだろうか。自分の中に問題はなかったのだろうか。別れた相手だけでなく、自分についても考えるようになります。賢く学んだ上でのそうした慎重な再婚であれば、再婚はうまくいくようです。

ちょっとひとこと

離婚したくないのなら、妻（夫）に告白して下さい。相手の怒り狂った顔が浮かんで怖ろしいかもしれません。でも、正直に話せば、実際大事にならないことが多いのです。「寂しかった」「自分は必要とされていないようで虚しかった」「家に帰ってくるのが楽しくなかった」など、理由はそれぞれ違うでしょう。でも、パートナーの正直な気持ちを無視するはずはありません。浮気そのものは許せない思いがするでしょうが、バレてもいないのに自分から告白することで、あなたの誠意が伝わります。「後悔している。もう二度としない」という言葉は相手の心に届きます。信頼は失われていません。失われそうだった信頼をむしろしっかり獲得することになるかもしれません。おそらく、パートナーも「あなたにそんな思いをさせていたんだ。ごめん！　でも、もうしないでね」とかえってよい関係になることでしょう。

第3章　セックスレス

セックスは肉親とも友達とも異なる大きなポイントです。セックスを除けば夫婦も友達関係とあまり変わりがありません。それだけ結婚生活における中核だということです。ところが最近はセックスレス夫婦が増えているのです。

家族計画研究センターの調査によれば「既婚者のセックスレスが44・6％に増えた」としています。この調査は、２０１４年9月1日現在満16～49歳の男女３０００人を対象としたものです。それによると、50歳未満の既婚者で1か月以上セックスレスという割合が10年前に比べて12・7ポイント増えたとのことです。

これを受けてＮＨＫが独自に調査したところ、同じような結果が得られました。「1か月以上セックスが行われていないセックスレス」については、婚姻関係にある回答者では49・3％で、前回12年の調査に比べてセックスレスが5・3ポイント増加。セックスレスに関連した調査を開始した２００４年以降とどまる気配がないことを伝えています。

夫の誘いを断り続けていたら……

「寝ないで待ってたんだ！」

子どもを寝かしつけてお風呂に入り、「さあ寝よう」とやってきた美香さんに夫が声を掛けました。もう、一カ月以上御無沙汰です。夫の気持ちは分かります。でも、美香さんはそれどころではありません。もう、くたくたです。ひたすら眠りたいのです。

「無理、無理。そんな気になれない！」

「無理って！　じゃ、いつになったらそういう気になるの？　美香はいつだってそうやって逃げるんだから」

「私の身にもなってみてよ。一日中、炊事、洗濯、子どもの世話で、休む暇がないのよ。その上あなたの面倒までみられない」

美香さんははっとしました。言い過ぎでした。

「そうか。一緒に寝るのは面倒をみることなのか。美香はしたくないんだ。分かったよ」

夫は背中を向けてしまいました。

「そういうわけじゃないわよ。疲れているだけよ」

「僕だって仕事で疲れてるよ。疲れているからこそ、仲良くしたいと思ったんだ。二人の大事な時間だと思ったんだ。美香もそうだと思っていたよ。分かった！　いいですよ。どうぞ、寝てください」

あ〜あ、また夫を怒らせちゃった！　でも、彼が、私の大変さを考えてくれないのがいけないのよ。でも、これで何回目だろう。夫にノーと言ったのは……。

そんなふうにしてセックスレスが始まり、気がつけば3年以上関係がありません。夫は全く求めてこなくなりました。とりわけけんかをしているわけではありません。普通にしゃべるし、子どもの面倒も見てくれるし、真っすぐ帰ってくるし、セックス以外は問題がありません。自分たちの関係に問題があるとは思っていませんでした。ただ、夫は部屋にこもってコンピューターを見ていることが多くなりました。そして、あるとき、何気なく開けたコンピューターで、夫がアダルトサイトを見ていたことを知ったのです。

裏切られた！　と美香さんはカッとなりました。帰って来た夫を責めました。

「あなた、アダルトサイト見てたんだ。信じられない！」

「人のコンピューター勝手に見たのか。こっちこそ信じられないよ」

夫は謝るどころか、逆に美香さんをなじりました。

「勝手に見たのは悪かったけど、でも、あんなのを見て自分で処理してたの？　だから、私には言ってこなかったんだ」

「だって、美香は無理って言ったじゃないか」

「言ってないわよ。いつ言った？」

「3年前だよ」

「昔の話じゃない」

「僕は美香に言われたことを忠実に守っているだけだよ」

夫は、頑なです。

「そんなこと言わないで、今晩とかどう?」

「いまさらそんな気になれないね。無理、無理」

「あなたってしつこいんだから。昔のこと根に持って」

「一旦傷ついた人の気持ちは、元に戻れないんだよ。美香のこと女と見ないでおこうと決心して3年もたったんだよ。いまさら女だなんて思えないよ。美香はお母さんであって、女じゃないから」

「どうして、そう思うの?」

「女らしいとこないじゃない。いつも髪振り乱して、大声で怒ってばっかりじゃないか」

美香さんは傷つきました。確かに最初の原因を作ったのは自分です。でも、これからずっと、セックスレスの人生かと思うと切なくなります。子どもたちも大分大きくなって手が掛からなくなって、これから二人で人生を楽しみたいと思っていたのに。

アダルトサイトを見ていた夫

「今日はどういうことでこられましたか？」と尋ねる私に、美香さんが説明を始めました。

「私たち、別に仲が悪いわけではないんですが、コミュニケーションがうまく取れていなくて」

セックスレスをいきなり話し出すクライアントは稀で、たいていは前置きが長いのが普通です。ここで察して話を持って行くことを期待しています。

「ご結婚何年ですか？」に対して

「7年です」と夫。

「お子さんは？」

「二人います。5歳と、3歳のどっちも男の子です」と今度は妻が答えます。

「大変な時期ですね」

「そうなんです。でも、前よりは大分楽になってきたんですが……」

「それはよかったですね。子どもの手が少し離れると、自分たちの関係に目がいくようになってきたということでしょうか？」

「そうなんです。気がついたら私たちセックスレスになってしまっていたんです」

「どのくらいないんですか？」

「3年ぐらいかな」と、妻。

「下の子が生まれる前からだからそれ以上だよ」と夫が訂正します。

「下の子が生まれてから大変だったんです。夜中も授乳で寝不足だし。上の子は嫉妬するし。自分たちのことを考える暇なんかなかったんです」妻は、しきりに弁明します。

「それが急にカウンセリングに来ようと思われたのは何かあったんですか？」

「夫がパソコンでアダルトサイトを見ているのが分かってしまったんです」と妻。

「自然に分かったわけじゃないでしょう。君が僕のパソコンを勝手に見たんじゃないか」と、夫が責めます。

「黙って見たのは悪かったたって謝ったじゃない。でも、私とはセックスもないのに一人で裸の女の人を見てたんですよ。信じられなくて。私は、子どものことで本当に大変なのに。そんなのって許せませんよね」

美香さんはだんだん興奮してきて、夫を責め出しました。

「セックスもないとおっしゃいましたが、それはどうしてそうなったんですか?」

雄太さんは、セックスレスになった経緯を話し出しました。何度も誘い、その度に断られ、その度に惨めになり、もう妻とは絶対しないと決めたといいます。

「僕は男で欲求もありますから、それを自分なりに処理するのは責められることではないと思いますよ」

「確かに。おっしゃるとおりです。責められることではないと思います。4年近く浮気もせずそうしてこられたのは、感謝されてもいいかも? と思っておられますね」確かに夫の側から見ればその通りです。

ロールプレイをやってみて……

最初は二人で話し合って何とかしようとしたのですが、お互いに相手をなじる言葉ばかりが出てきて、話し合いにならなかったといいます。

「私が子育てで忙しくしているときに、あなたが一人で部屋に入って裸の女を見て楽しんでいたなんて信じられない！」

「じゃ、どうしたらよかったんだ。キャバクラに行けばよかったのか？ それとも浮気をすればよかったのか？」

「そんなこと言ってないじゃない。私に言ってくれればよかったのに」

「何回も言ったじゃないか。拒否したのはそっちの方だろう。まったく！」

「あなたは自分のことばっかりしか考えないのね。私のことなんか考えてくれないんだから」

「そっちだって同じだろう。僕のことなんか無視だったじゃないか」

言い合いは収まりません。

関係がこじれるばかりなので、たまりかねてカウンセリングにやってきたのです。カウンセリングルームでは、最初は二人とも自分が悪くない、悪いのは相手だと責め合っていました。そこで間に入りました。

「ちょっと待って下さい。今日は何をしに来られたのですか。けんかの仕切り直しに来られたのですか？　そうじゃないですよね。お二人とも、仲直りのきっかけがほしくて来られたのではありませんか？」

「そうです」と二人。

「お二人だけじゃないですよ。子どもが生まれて、忙しくて、何となく疎遠になっている内に、だんだん面倒になってきて、気が付いたらセックスレスというカップルはたくさんここに来られますよ」

「そうですか？　僕たちだけじゃないんですか？」とホッとしたような夫。

「もちろんです。でも、ここに来られるということはそれだけでまず大丈夫ということです」

「どうしてですか？」

「問題を解決したいという気持ちを二人とも持っているからです」

「たしかに！」夫は納得しました。

「でも、どうやって解決するんですか？」妻は不安げです。

「そこが問題ですよね。二人ともメンツがあるし、積もり積もった怒りや悲しみみたいなものがありますよね。自分からは言い出せない。言い出したくないという気持ちはとてもよく分かります。でも、考えてみて下さい。これから40年、悶々と相手をなじりながら人生を送るんですか？　それとも、離婚して新たにやりなおすんですか？」

「離婚なんて、そこまでは考えていません」

「じゃ、一緒に笑って、助け合って、セックスも楽しんでという人生がよいと思われるんですよね」

「できるんなら、そうしたいです」と妻は夫を見ながら答えました。

「過去は変えられません。でも、これからどう生きていくのか、どんな関係を持っていくのかはお二人次第です」

「そう言われても急には」と夫。

「確かに、急に180度転換しろと言われてもとまどうだけですよね。少しずつでいいんです。何かをちょっと変えるだけで。まずは、美香さんは雄太さんに謝って下さい。それから、雄太さんに『ありがとう』を言ってください。雄太さんは傷つき、それでも浮気もせず、家庭を大切にしてきたんです。雄太さんもちょっと意固地になっていたのは大人気なかったことを認めてください。そして、これからは二人とも俳優になってみてください」

「俳優って?」夫はびっくりしています。

私は二人に、俳優になったつもりで、どんな夫、妻の役をしたいか、自分の好きな俳優のイメージでどうやったら上手に役を演じられるか、心理学でいういわゆるロールプレイをすることを求めました。自分だとなかなか言えない言葉や行動であっても、俳優として夫の役、妻の役を演じるということであればやりやすいのです。

最初はデートのシーンから、だんだん気持ちを寄り添わせ、どうやって相手に言い寄るかなど、二人でロールプレイをすることを勧めました。ときどき私の所に来て、よい演技ができるようになったか報告をしてもらい、その都度アドバイスもしました。

二人は三カ月後には明るい顔で報告に来ました。何かあったときには話し合うようになったということです。「話し合いがうまくいかないときには、また相談に来ます」と帰って行きました。

セックスはコミュニケーション

コミュニケーションはもちろん言葉によるバーバルコミュニケーションが中心ですが、言葉によらないノンバーバルコミュニケーションもあります。セックスは究極のノンバーバルコミュニケーションです。セックスレスになっていくのは、日常生活の上でのバーバルコミュニケーションが成り立っていない夫婦に多く見られます。普段から会話が弾み、スキンシップのある関係ではセックスレスになるのは少ないようです。

バーバルコミュニケーションがなくなってしまうと、相手が何を考えているかわからない状態に陥ります。さらに、こちらからも発信することもなくなると、相手もこちらの考えていることがわからなくなり、互いに理解し合わないまま衝突してしまいがちです。こまめなコミュニケーションは夫婦円満に欠かせません。スキンシップは夫婦の間でとても大切なものだと言えます。人は人と触れあうことで安心し、幸せを感じることができます。触れあうということで、脳からオキシトシンという幸せホルモンが分泌されるといいます。キリキリしているとき、悩んでいるとき、そっと肩を抱かれると「ほっ」と安心することはありませんか。

相手が魅力を感じるように努力する

結婚して二人きりで生活していたときはラブラブだったのに、子どもができて関係が変わってしまったという夫婦は少なくありません。

結婚生活がある程度長くなり、また、子どもができたりすると「異性同士」という緊張感がなくなっていきます。そのため、身だしなみをかまわなかったり、体型を気にしなかったり、あるいは言葉遣いもぞんざいになっていく人が少なからずいます。肥満はその一つですが、あまりにも変貌してしまったパートナーに対して性欲を感じなくなったと答える人は多くいます。二人とも、若い頃と同じとまではいかなくても、相手が魅力を感じてくれるような肉体を維持する努力、心を持ち続けることは大切です。相手にだけロマンチックであることを求め、自分はそれとは正反対の現実そのものというのでは異性としての関係は難しいのではないでしょうか。

円満夫婦と不仲夫婦のセックスレス度

エイジングケア商品を展開するアンファーが2016年に30歳〜59歳の既婚男女1，000人（各500人ずつ）を対象に自分たちが円満夫婦であるか否かを聞いたところ、30代の86・4％をピークに割合は年齢が上がるとともに下がり、50代では75・4％になっています。

ところが「自分たちがセックスレス夫婦かどうか」と尋ねたところ、全体では59・1％がセックスレスと答えています。このセックスレス率は年齢と共に上がり、30代は47・0％に対し、40代は59・0％、50代になると71・3％が「セックスレス夫婦」だと答えています。これから考えると「円満である」ことと、「セックスレス」とは必ずしも比例しないように見えます。

しかし、セックスレス度を不仲夫婦、円満夫婦別に見てみると、円満夫婦のセックスレスが52・8%であるのに対し、不仲夫婦の85・8%がセックスレスと答えています。ただ、この数字から、不仲だからセックスレスになるのか、セックスレスが不仲につながるのかは判断はできません。

ちょっとひとこと

セックスは二人でするもの。相手もその気にならなければできません。二人の気持ちが一致するように気持ちを合わせる。その手間暇が面倒だと思えば、一人でマスターベーションをする方が簡単です。こうして、本来は楽しいはずのセックスをしなくなっていくのは残念です。面倒でも楽しい！　その後の会話は弾み、気持ちも通い合う！　秘密をシェアする二人だからこその喜び！　があるのです。

第4章　DVに耐えられない妻たち

ＤＶ（ドメスティック・バイオレンス）とは、同居関係にある配偶者や内縁関係の間で起こる家庭内暴力のことです。この暴力というのは、殴る、蹴る、ものを投げるなど「身体的な暴力」だけでなく、嫌がっているのに性的行為を強要する、見たくないのにポルノやビデオを見せる、避妊に協力しないなどの「性的な暴力」と、人前でばかにする、大声で怒鳴るといった「精神的な暴力」、交友関係を制限するなどの行為も含まれます。最近「精神的な暴力」が増えているのは、一つには今まで黙って泣き寝入りしていた人たちが声を上げ始めたことがあるかもしれません。

警視庁による統計でＤＶ相談者の性別（２０１９年）について見てみると、女性からの相談が６，７７５件（80・3パーセント）で大半を占めていますが、男性からの相談も１，６６０件（19・7パーセント）と前年より89人増えています。

三つのケース

1. 過去から引き継いだ怒りのマグマが眠っている

由美子さん56歳、裕さん58歳、見たところごく普通のカップルです。結婚して24年、子どもは成人して家を出た娘が二人います。やって来たのは、裕さんが酔っ払って由美子さんに暴力を振るい、由美子さんが警察に通報したため緊急で病院受診となり、医者からカウンセリングをすすめられたということでした。

シラフの裕さんは大きい体を小さくしてかしこまっているおとなしい男性です。由美子さんの方はここぞとばかり夫の今までの悪行を洗いざらい言い立てました。暴力も初めてではなく、過去に何回かあり、由美子さんは一度骨折したこともあるとのこと。その他、言葉での暴力、浮気（裕さんは否定）、深酒で記憶をなくしたことなどを、口調は穏やかでしたが、次から次へと途切れなくしゃべり続け、最初の30分、私も口を挟む余地がないほどでした。

裕さんはアルコール依存傾向で、暴力については認めましたが、言い訳がたくさんありました。妻があれこれ口うるさく、自分の部屋に逃げ込んでも追いかけてきてまで文句を言い、「やめろ!」と言ってもやめず、思わず振り払う手が妻に当たってしまうことが多いのだ、とのことでした。自分は体が大きく、妻は小柄なのでちょっとしたことが妻を傷つけてしまい、それについては反省していると神妙です。今回の暴力事件も、彼が転職を考え仕事を探していたところ、ヘッドハンターから連絡があり、よい話だと乗ろうとしていたところ、妻の方は反対であれこれ文句を並べ、ヘッドハンターに会わないよう画策し、それに対して腹をたてたというものでした。

自分をコントロールしようとする人に怒りが沸き上がる

裕さんは暴力家庭で育ちました。両親は離婚し、お母さんは三人の子どもを育てるために必死で、仕事でも家庭でも働き通しでした。そのためぐずぐずすることが嫌いで、モタモタしていると布団叩きで叩かれたこともあったといいます。言うことを聞かないと怒鳴られることもしょっちゅうでした。理不尽だと怒りを覚えることが多かったけれど、言えば倍になってかえってくるので反論できなかったといいます。そのため、早く家を出たくて、大学で家を離れたときはホッとしたそうです。母親は、教育を大切にする人で、彼が東京の有名国立大学に入ったときは喜んでくれました。裕さんはお母さんをある意味尊敬し、育ててくれたことに感謝もしています。自分が本当に困ったときには一番頼りになる人だとの信頼もあります。しかし、親に認められる人間でありたいと思う気持ちから、親に頼ることはありませんし、親は自分が頑張っていること、成功していることを望んでいると思っています。家を出てからは勝手気ままな生活でしたが、頑張る人なのでそれなりに成功を収め、親への仕送りもしています。

子ども時代、強くて怖いお母さんと一緒に生活していく中で彼が学び取ったものは、倹約、自由、権力に対する抵抗、弱い人を助けること。中でも自由は何より大切だと考えています。そのため自分をコントロールしようとする人には怒りが沸き上がり、ときにそれを抑えることができないといいます。

一方妻の方は、どちらかといえばお嬢さん育ちで、粗野なことが嫌いです。子どものときからちやほやされて育ちました。とりわけお父さんは彼女を溺愛し、何でも彼女の言いなりでした。家の中でお父さんは権力者でしたが、彼女はそのお父さんに優しく甘えて結局は自分の思った通りにするというコントロールができる唯一の人でした。そのため裕さんに対しても優しく、しかしコントロールする態度で接しました。裕さんは最初母とはまるで違うその優しさの虜になりましたが、結局は彼女にコントロールされていると分かると我慢ができず、怒りが抑えられなくなるという具合でした。

過去は変えられないが、自分自身は変えられる

裕さんは自分の子ども時代の親との関係を思い返し、自分の中に処理してこなかった怒りがあるのを理解しました。彼も母親ももう少し若ければ、親にそのことを伝えるこ

ともできたかもしれません。しかし、母親は80歳を過ぎ、いまさら過去を持ち出すのは残酷です。裕さんも母親を苦しめたいとは思っていません。ではどうしたらいいのでしょうか。

前を向くしかないのです。過去は変えられないのです。でも、過去から引き継いだものが嫌なものなら、それは今後引き継がないようにやめることはできます。変えられるものと変えられないものが何であるかを識別する必要があります。裕さんは変えられないものが何であるかを考えました。自分の過去、自分の体、親きょうだい、子ども、自分以外の人（妻や子どもも含め）を変えることはできないと悟りました。けれども「変わってほしい」と願うことはできます。もしかしたら気持ちを伝えることもできるかもしれません。しかし変えさせることはできないのです。変えさせようとしたらそれはコントロールです。

では、変えられるものは何でしょうか。自分自身です。そして自分の現在、未来です。自分に甘くて、「変えられればいいよな〜」「自分だって変えたいと思ってるよ」では、決して変わりません。「自分はこれが嫌なんだ。絶対変える！」という強い意思を持つことです。すぐには変わりません。でも、舵を少し別の方向に切るだけで、時間の経過と共にどんどん変わっていくのです。そのためには、どうなりたいのか、どう変わりたいのかのロールモデルやイメージを持つことが大切になります。

嫌なことをため込まない

そうした中で、私が裕さんに一番に望んだのは三つのことを自覚することでした。第一に、自分の中には過去から引き継いだ怒りのマグマが眠っていること。第二にマグマはため込んでいると爆発する可能性があること。第三に、マグマは爆発する前に、処理をして上手に出すことで爆発を押さえ、さらには小さくすることもできることです。

では、どう処理をしたらいいのでしょうか。我慢するのをやめることです。嫌なことを言われたときに、「まあ、このくらいなら我慢できる」とため込まないことです。嫌だという自分の気持ちをパートナーに穏やかに、きちんと伝えることです。

隆さんは64歳、智子さんは56歳、結婚して26年。大学生の娘が一人います。隆さんは従業員20人ほどの会社を経営し、智子さんも夫を助けて一緒に働いている経営者カップルです。隆さんは明るい人で、そばにいるだけでこちらも元気をもらうようなエネルギッシュな人です。智子さんはしっかりした人で、質問に対しては考えながらゆっくり答えます。どちらも善良な人と一目で分かるよい夫婦に見えます。

「どういうことで来られたのですか」という私の問いに対して、智子さんから思いがけず出てきたのは隆さんの暴力でした。

「普段は結構仲がよくて、娘も交えて外食したり、一緒にジムにも行っています。でも、ときどき怒りだし、そうなると歯止めが効かないんです。もう、これ以上一緒にやっていけないと思って別れたいと言ったら、彼の方からカウンセリングを提案してきたんです」

「どんなことで怒るんですか？」

「たいていは仕事に関係したことなんです。今日までにやってほしいと彼が思っている仕事を私がやっていなかったり、取引先への支払いが遅れたりすると従業員の前でもかまわず怒鳴りつけるんです」

「デッドラインがその日というわけですか?」

「そうじゃないんです。そうだったら私が悪いんですが、まだ時間があるし、私なりにいついつまでにしようと思っていることばかりなんです」

「そうはいっても、少しでも早くに支払ってもらえば、相手は小さな所なんだから助かるだろうし、どうせ払うものはできるだけ早く払った方がいいと僕は考えているんです」

「それはいいことだとは思うけど、私は家のことや、子どものことやいろいろあって思ったように動けないことだってあるんです」

「じゃ、それを僕にきちんと伝えたらいいじゃないか」

「私が伝える前にあなたはもう怒っていて、怒鳴りちらしているじゃないですか」

こういうやり取りの後、智子さんが言ったのは、

「私は従業員の前で、まるで子どもが父親に叱られるように、一方的に叱られるのが辛いんです。あなたに怒鳴られている私を従業員はどう見ていると思いますか。そんな私の言うことを彼らが聞くと思いますか？」

こんな心を抱えて家に帰った智子さんが、夫と仲良くできるわけがありません。ところが、隆さんの方は会社は会社、家は家とばかりあっけらかんとしています。それも智子さんには耐えられません。そんな智子さんに対して隆さんは「いつまでもシツコイ。ネガティブだ」と非難します。そこからまたけんかが再現します。智子さんは人としての尊厳を傷つけられ、自尊心がずたずたになっています。

せっかちとゆっくりのテンポが合わずイライラ

隆さんのお父さんをはじめ、周りの男たちはみんな厳しい人でした。彼らは貧しい家庭に育ち、頑張って成功した人たちでしたから、真面目に努力すること、たとえ辛くて

も頑張ることが正しい、という価値観です。成功するのは自分のためでもあり、家族のためでもありました。隆さんは子どもの頃やんちゃで、外でよくけんかをしました。相手は泣いて帰り、そのことでお父さんは訳も聞かず隆さんを叱り飛ばしました。でもお母さんは違いました。「暴力はよくないよ。でも、正しいことを正しいと主張するのは大事だと思うよ」と聞いてくれました。

隆さんにとっては、なにより成功が大切です。そのために人一倍頑張る人です。自分が頑張るのはいいのですが、智子さんにも同じことを求めます。自分と同じことをしないと腹が立つのです。また、隆さんは間違ったことが嫌いです。それを正すためにはときに自分が思っている以上に攻撃的になってしまいます。加えて、隆さんは貧しさに逆戻りすることに恐怖を感じています。ですから少しでも仕事のマイナスになることには神経がピリピリします。不安な気持ちをどうしても拭いきれないのです。

智子さんは彼とは違います。穏やかで、ゆっくりしたところがあります。頼まれたことをときどきうっかり忘れたり、仕事が遅かったり（その代わり内容はしっかり）します。

二人の大切にしているところやテンポが違うのです。せっかちな人と、ゆっくりした人。人が違っているのは当たり前で、それだからこそ互いに自分にないものに惹かれ合うのです。でも、隆さんは、最初は魅力だったその違いに耐えられなくなってイライラし、智子さんを攻撃してしまうようです。

せっかちの理由を相手に上手に伝える

二人には夫と妻は対等であり、どちらかが上でも下でもないことを話し、隆さんも納得しました。隆さんは「自分の方が上だなんて思ってもいません」と言いますが、智子さんは隆さんが上から目線で、彼の機嫌次第で全てが決まると感じています。一方がそう感じているとすれば、何がそう感じさせるのかをはっきりさせなければなりません。

一つはっきりしてきたことは、隆さんはせっかちで、自分の思うように事が運ばないとイライラして大声で叱るということでした。

そこで、自分の気持ちが落ち着かないときには「今日中にしなくてもいいんだけど、少しでも早くしてもらいたいんだ。自分のわがままかもしれないけれど、協力をしてもらえるとありがたい」と、智子さんに伝えてもらうことにしました。そうすることで、智子さんは「隆さんのために協力するのだ」という気持ちになって、対等に扱われた感覚がもてるようになります。カウンセリングでは、実例を元に何回か練習もしました。そうすることで、隆さんは少しずつ忍耐強くなりました。一方智子さんは、協力を求められて助けてあげたいという気持ちが芽生え、前より仕事を早くすることができるようになりました。

せっかちな人は、先が見えないことで不安や焦りを感じるものです。プロセスの中でどの位置にあるのか、それをはっきり知ることで、安心することができるのです。

3.「子どもの躾だ」という夫の暴力を嫌う妻

健太郎さん33歳、沙織さん34歳、二人は結婚して6年、2歳になる一人息子がいるカップルです。結婚の初めからけんかが多かったようですが、ひどくなったのは子どもが生まれてからだといいます。健太郎さんは大柄で声の大きな男性。営業マンらしく、にこやかで人当たりのよい印象です。沙織さんの方は小声でもの静かな女性です。笑顔はありません。

妻の希望で来所しました。健太郎さんは沙織さんの気持ちを鎮めるために渋々ついてきたといいます。けんかをして健太郎さんが沙織さんを壁際に追い詰め、背後の壁を何回も叩き、沙織さんは怯えて泣き出したところを息子に見られ、息子も怯えて泣き出したところから二人の関係はこじれたようです。関係の修復のために沙織さんはカウンセリングを提案しましたが、やってくるまでに半年かかったといいます。健太郎さんは子どもに対しても厳しく、子どもがぐずぐずしていたり、言うことを聞かないと大声で叱ったり、ときに暴力（沙織さんの言い分）に及ぶこともあるようです。健太郎さんは子どもは言っても聞かないし、妻は甘すぎるから見かねて自分がお尻をぶつぐらいで、暴力ではなく躾だと言い張ります。一方沙織さんは、理屈はどうであれ子どもに手を挙げるのはよくないと主張し、これが二人の間のけんかの大きな理由になっています。

子どもは親の暴力を引き継いでしまう

健太郎さんは自分の家庭はよい家庭だったといいます。子どもの頃は、確かに父は家庭内で暴君だったようですが、彼自身にはその記憶はなく、むしろ母親の方によく叩かれたといいます。ただ、母親は本来暖かい人で、彼が悪いことをしないときにはむしろ甘い人だったので、叩かれても謝って、すぐにけろっとして母に甘えていたそうです。叩かれたことに関しては、自分にとっては「よい躾だった」と思っています。

一方、沙織さんの家庭もやはり父の暴力があり、沙織さんは自分は絶対に父のような人と結婚しないし、暴力家庭は作らないと強く思っていたとのことです。

同じように暴力家庭に育っても、親の暴力をどう受け止めるかで、二人は全く異なった考えを持つようになりました。健太郎さんは親を受け入れることで、親の暴力まで受け継いでしまったのです。

嫌だと思っても素直に聞く

　健太郎さんと沙織さんとは、自分たちの人生をどうしたいか、どんな人生を歩きたいかということを中心に話し合いました。お互いを尊重し、家族の誰もが我慢しない、譲り合う、思いやりのある家庭が作りたいと、二人の意見が一致しました。子どもについては、元気でのびのびと、でも人に迷惑を掛けず、人の痛みを分かち合う子になってもらいたいというのが希望のようでした。そこから話し合いを始めました。そういう子どもに育てるためにどうしたらいいのか。してはいけないこと、人の迷惑になることを教えるのは大切です。それには、大声で叱るのがいいのか、叩くのがいいのか、あるいは向き合って言葉で伝えるのか、どうするのが効果的かという話し合いもしました。

　健太郎さんは自分が親の言うことを聞いて社会のルールを学んだことで現在の自分があり、よかったと思っています。でも、ときにルールそのものより、周りの顔色の方を見ている自分がいるのも知っていて、それは嫌だと思っています。今でも、両親の不機嫌な顔を見るのが嫌で理不尽と思える要求にも従う自分がいるといいます。そしてそれを妻や子どもにも強要していると、今までは気付かなかったことを自覚するようになりました。沙織さんも、自分が少し意固地になっていることを認めました。自由に話し合っているうちに、二人はどんどん変わっていきました。

・どんな意見でも互いの話を聞く。
・どんな話もばかにしない。
・嫌だと思うことを言われても、素直に聞いて弁解しない。
・辛い指摘も逃げないで聞く。

それだけのことが二人の関係をどんどん変えました。健太郎さんと沙織さんは来る度に明るくなり、けんかが少なくなったと報告してくれました。

ちょっとひとこと

三人の男性に共通しているのは、普段は優しい人当たりのよい人ですが、スイッチが入ると怒りだし、ときに暴力に及ぶというものです。

三人の心の底に怒りや暴力を許容するという共通点があったのと同様、三人の妻たちにも共通点がありました。三人とも外観は穏やかで、優しく、賢い人たちでした。ところが夫たちから話しを聞いているうちに、三人とも揃って頑固で言い出したら引かない強さを持っていることが分かりました。

夫たちは、妻と話し合って納得さえすれば、自分を変えることに抵抗がない人たちでしたが、妻たちは頭では受け入れ、変えるのがよいと一応納得をします。ところが実際に行動を変えるのには抵抗があり、自分のやり方を変えたがらず、何とか相手を変えさせられないかと言葉を弄して説得したり、自分なりの理屈を考えて、自分を変えることに抵抗します。それを見ている夫たちはいらだち、声を荒げます。そうすると妻たちは下を向いて押し黙ります。夫たちはそれに我慢がならず、せっかちに大声で、今度は妻の態度を非難します。そうなるとまるで夫はいじめっ子で、妻はいじめられっ子という図になってしまいます。本当にそうでしょうか……。

第5章　見える暴力、見えない暴力

ＤＶには身体的な暴力や言葉ではげしく相手を傷つけるなど、誰にでも分かる「見える暴力」があります。でも、それだけではなく「見えない暴力」もあるのです。これは、passive aggressive（受動的な攻撃性）と呼ばれます。日本人の間ではあまりにもこの「見えない暴力」が多いため、当たり前すぎて問題視されることが少ないのですが、実際の人間関係の中では大きな問題と考えられます。

・頼まれたことをわざと忘れ、指摘されると、「うっかり忘れてた。ゴメン」などと謝る。
・やる気がないのに引き受け、後でできなかったと謝る。
・無理矢理やらされたと感じると、わざとミスしたり、遅らせたりする。
・表だった衝突を避けるためには何でもする。
・心にもないことを言ったり、引き受けたりして、いい顔をしたがる。

気の弱い人で、けんかをするのは嫌だし、「嫌だ」「やりたくない」などはっきりＮｏ

とは言えないけれど、腹の立つ相手に穏便に仕返しをしたい。相手を何とか困らせたい、そういう人の取りがちな攻撃方法です。ただ、この場合、本人がそうしようと思ってそうしている場合もありますが、多くの場合は本人も気が付かず、無意識に、習慣的にそうした行動を取っていることが多いようです。前章に取り上げた智子さんの「ゆっくり」や「忘れる」は、無意識の受動的な攻撃かもしれません。

繰り返しになりますが、DVというのは、形がどうであれ、相手を支配したい、コントロールしたいという気持ちが根本にあります。由美子さんの場合も夫を思いやるよい妻という陰に、夫を支配したいという気持ちが潜んでいるのではないかと考えられます。相手をコントロールしたいというのも見えないDVの一つです。

これと似た言葉でモラハラというのがあります。モラハラもはっきりとした形で目には見えません。たいていは言葉や態度など当事者にしか分からない、跡を残さないものですが、相手を精神的に傷つけ、追い詰める見えない暴力です。上から目線で相手をばかにしたり、無視したり、尊厳を傷つける、れっきとした暴力です。

妻からのDVに苦しむ夫

私の所にDVで相談に来るカップルは増え続けています。かつては夫によるDVの相談がほとんどでしたが、最近では妻からDVを受けているという男性も来るようになりました。夫が妻からDVを受けていると聞き、はじめは情けない、不甲斐ない、別れたらいいじゃないのと内心思ったものでしたが、「子どものことを考えると、別れるわけにはいきません」と涙ぐんで話す夫を見て考えが変わりました。子どものために我慢するというかつての妻と同じものが見えてきたのです。来談者のなかには次のような人がいます。

「子どものいる前で罵倒されたり、（自身の）親や親戚のことを罵倒されたりしたのが、とても嫌でした。親が入院したときは、『お前の親なんか、死んだ方がいい』とか、『見舞いになんか行くもんか』とか。私が内臓の検査に行ったときは『ガンだったらよかったのに』みたいなことを言われ続けました。精神的にどんどんダメージを受け、絶望的な気持ちと悲しい気持ちになりました。何をやってもしょうがないという気持ちになってしまいました」

「家にいるのが怖くてたまらない」というネット上の投稿もあります。30代の男性会社員は2年前に妻と別居しましたが、妻からの日常的な暴力が原因だったといいます。殴られたり、蹴られたり。「リモコンを置く位置が違う」「すぐに返事をしない」など、きっかけはそんなささいなことでしたが、妻は一度怒り出すと感情が抑えられず、男性が出血するまで暴力をふるったといいます。そのため、妻と極力顔を合わせないように、就業後は終電近くまで漫画喫茶で時間をつぶし、妻が寝静まったのを見計らって帰宅。自分の寝室の扉の前に机を置き、妻が入れないようバリケードを作ったそうです。「そうしないと、寝付けなかった」といいます。

イクメンで男性が変わった？

どうしてこんなに男性は変わったのでしょうか。正直はっきりしたところは分かりません。ただ、子どもに対する思いに関しては「イクメン」の誕生と関係がありそうです。

イクメンという言葉が誕生したのは、2010年で、当時の長妻昭厚生労働大臣が少子化打開の一助として「イクメンという言葉をはやらせたい」と国会で発言し、男性の子育て参加や育児休業取得促進などを目的とした「イクメンプロジェクト」を始動させたのがきっかけで、一気に浸透した言葉です。その後育児に参加する男性が増え、気持ちの上で、子どもがなくてはいられない父親たちが増えました。こうした父親にとっては、子どもと別れるくらいなら何でも我慢しようとなるようです。話を聞いていると、子どもを愛していることが言葉の端々から伝わってきて、日本も変わった（よい意味です）と思わざるを得ません。それがプラスに働き、夫婦が協力し合っている間はいいのですが、何かがきっかけで夫婦間に問題が発生したときに、子どもを人質に妻に支配されるということが起こることもあるようです。

お酒のせいにしてごまかさない

日本には元来飲酒を容認する風土があります。確かにお酒が全て悪いというわけではありません。しかし飲酒とDVの関係が大きいことも分かっています。刑事処分を受けるほどのDV事件例では犯行時の飲酒は67・2%に達していたという報告があり、激しい暴力においては飲酒との相関がより強いようです。

お酒を飲んだ勢いで普段言えなかったことを言ったり、乱暴になったりすることが多いのです。お酒を飲まなくてもきちんと言いたいことを相手に伝える。お酒に頼らず、お酒のせいにしてごまかさない。お酒を飲むことで嫌なことを避けたり忘れたりしようとする自分の弱さ、自分の言動を自覚し、自分を変えようと努力することが大切です。

怒りのコントロールを身につける

嫌なことをされて腹が立つのはある意味当然ですし、普通のことです。怒りは誰もが持つ自然な感情です。しかし普通は、大人になれば自分の怒りをコントロールして上手に対処することができるのです。激しい怒りは人間関係を悪くすることを知っていますから、怒りをどう鎮めるか、自分が受けた嫌な気持ちをどう相手に上手に伝えるかを学んでいます。ところが、怒りの上手な対処法を学んでこなかった人、怒りをぶちまけても許されてきた人、そもそも自分が怒っているという感情について認識のない人、そんな人の中には、自分は怒りっぽい性格、キレやすい性格と諦めている人がいるかもしれません。また、自分は誰にでも怒るわけではなく、外ではむしろ穏やかだと思われている。自分が怒るのは妻が、夫が怒らせるからだ、相手が悪いのだと思うかもしれません。

確かに、怒りの発生の原因はある出来事や相手のせいかもしれませんが、怒りの感情を大きくし、持続してしまうのは「自分のせい」です。怒りはまったくコントロールできないものではありません。自分の怒りの感情に気付き、「自分はどうもすぐに怒ってしまう傾向がある」と自覚することがまずその第一歩です。怒りがわき上がったときに、「あ、またこれだ!」と、気付けば、自分を少し客観的に眺めることができ、怒りの渦中から距離を取ることができます。少しでも早く気付くことができれば、それだけ怒りの感情が小さいうちに抑えることができるのです。

怒りは大切な感情

嫌なことをされたり、ばかにされたり、理不尽だと思えたとき、腹が立つのは自分を守る自然な感情です。寂しかったり、嬉しかったりと同じように誰もが感じることです。

大昔から私たちが瞬時の判断をするときに働くのが脳の中にある扁桃体という部分です。結果はともあれ、取りあえずパッと判断するのが役目です。瞬間湯沸かし器のようなものです。そして、この扁桃体は恐怖、不安、不快といった情動をコントロールする場所なのです。ですから人は恐怖を感じると、とっさに逃げたり、逆に攻撃したりしがちなのです。

扁桃体の働きの欠点は考えずに行動をとってしまうことです。反射のように体が反応してしまい、後になってよく考えるとそこまで攻撃しなくてもよかったとなりがちだということです。

怒りの上手な表し方

原始時代には大切だった扁桃体の働きは現代社会では邪魔になることがほとんどです。怒りをストレートに相手にぶつけるのではなく、自分の気持ちを上手に相手に伝えることが求められます。確かに、怒りを我慢していたら、雪が降り積もるように、そして根雪になってしまうように、心の中に怒りが充満します。そしていつかは爆発して相手にぶつけることになるかもしれません。そうなる前に、自分の気持ちを伝えることが大切なのです。怒りを感じたときに、「怒っているんだ」というのは決して相手を傷つけるためではありません。自分の気持ちを知ってもらうためです。そういえば、「何を怒ってるの？」と相手との間にやり取りが始まり、理解し合えるはずです。

上手な気持ちの伝え方

自分の気持ちを相手に伝えることは大切ですが、言い方も同様に大切です。私たちはつい、「あなた」で話を始めがちです。

「あなたはいつだって……」「あなたってそういう人だよね」「あなたは人の気持ちを考えないよね」

これでは、相手を責めていることになります。責められると人は守りに入ります。

「いつだってと言うけど、そんなにいつだってしているわけじゃないだろう」

と言い訳が始まり、けんかに発展してしまいます。

「私」で始めよれば責めることになりません。

「私はこう思う」「私はこうしたい」「私はそれが好きじゃない」と言えば、相手は「そうなんだ」とむしろ納得してくれるでしょう。

イラっとしたときの対処法

1. 6秒数える
怒りのピークは長くて6秒なので、感情が高まったことを感じたらゆっくり「1・・2・・3・・4・・5・・」と6秒数えます。これによって衝動的な行動や、売り言葉に買い言葉で余計なことを言ってしまうことを防ぐことができます。

2. 意識を他に向ける

怒りを感じたら他のことに意識を向けることも有効です。電車の中でイラっとしたら、つり広告や遠くの景色を見るなどして、怒りの原因から離れられます。

3. マントラを唱える

気持ちを落ち着ける言葉を決めておき、心の中で唱えることもいいかもしれません。「たいしたことない」「まあいいか」でも何でも、唱えると不思議に気持ちが落ち着いてきます。

4. タイムアウト

怒りの感情がどうしようもなくなったら、物理的にその場から離れることも助けになります。散歩に出る、自分の部屋に入って好きな音楽を聴いたりするのもいいでしょう。

ちょっとひとこと

どんなに愛し合っていても、言葉で伝えなければ気持ちは伝わりません。言葉で伝えることは大切ですが、どんなふうに伝えるかも大切です。相手の気持ちを傷つけないように考えながら、でも言いたいことはしっかり伝えましょう。

第6章　自分一人では治らない依存症

「依存症」という言葉は最近メディアでよく取り上げられ、すっかり馴染みになってしまいました。かつてはアルコール依存、ニコチン依存、ギャンブル依存ぐらいでしたが、今では種類が増え、薬物依存、ゲーム依存、買い物依存など、さまざまな依存症が指摘されています。

依存というのは、自分でもやめたいと思っているにもかかわらず、どうしてもやめられず、日常生活に支障をきたして困っている状態、つまり、「やめたくても、やめられない」状態を言います。

やめたくてもやめられない

人が「依存」する対象はさまざまですが、大きく分けて三つあります。

一つ目は「物質への依存症」で、アルコール依存症、ニコチン依存症、カフェイン依存症、薬物依存症、過食症（摂食障害）などがその代表的なものです。これは、依存性を引き起こすある物質を繰り返しとり続けることで、次第に使う量や回数が増えていき、そのうち、使い続けなければ気が済まなくなり、コントロールできなくなっていくものです。

二つ目は「プロセスへの依存」です。これは特定の行為や過程に必要以上に熱中し、のめりこんでしまう症状のことを指します。ギャンブル依存症、パチンコ依存症、買い物依存症、メール依存症、ゲーム依存症など、最近では特にこの依存症が多くなっています。

三つ目は、LINEなどで絶えず誰かとつながっていないと不安になる「関係依存」です。共依存症、性依存症（セックス依存症）、宗教依存症（カルト依存症）などがあげられます。どの依存症も、自分ではやめたくてもやめられないのが厄介です。

500万円を使った買い物依存症の妻

英樹さんは公認会計士。父親は資産家で最近亡くなり遺産を相続しました。裕福なカップルです。妻の純子さんは堅実な主婦で、決して浪費家ではありませんでした。ところが、2年ぐらい前から買い物依存が始まりました。

「妻の買い物の金額が半端じゃないんです」

英樹さんはカウンセリングルームの椅子に腰掛けると堰を切ったように話し始めました。

「たまたま私のカードが手元になかったので、妻名義のカードを使おうとしたら、『このカードは使えません』と言われたんです。そんなばかなと家に帰って妻に聞いたところ『使えない』と言うんです」

純子さんは「限度額が少なすぎるんです。50万円なんですよ。子どものものとか、食料品を買っていたら、すぐにそのくらい超えてしまいますよね」

「冗談じゃない。毎月家計費として40万円渡しているよね。それでも足りないときにと思ってカードを渡しているんだよ。光熱費とか学費とか、家のローンとかは全部僕の口座から引き落としてるんだから、足りないなんて普通は考えられないよ」

以前は二人共同の銀行発行カードを使っていたのですが、純子さんはそのカードである月500万円も使い、英樹さんからカードを取り上げられてしまいました。何に使ったのか、宝石でも買ったのかと英樹さんが問い詰めても、純子さんは「そんなに使った覚えがない」というばかりです。明細書を見て英樹さんはあぜんとしました。ブランドもののバッグや洋服を何着も買い、大学生と高校生の娘にフランス製のダウンコートを買っていました。その他は、下着、化粧品などどれも高価なものばかり。レストランでの外食も一流のところでした。

純子さんの買い物依存症が始まったのは、2年前に夫の浮気が発覚してけんかになってからだといいます。

「銀座のバーでの飲み代もすごかったけど、そのバーの女性と浮気してたんです。携帯にいちゃいちゃしたメールがいっぱい入っていて分かったんですけど、二人で温泉にも行ってたんですよ。仕事だ、仕事だと私には嘘ついて！」

「もう別れたよ」

「我慢ならなかったんです。自分だけ好き勝手なことをして、私はそれまで、セール品しか買ったことなかったんですよ」

純子さんは反対に夫を責め始めました。純子さんもそんなブランド品を着て行くところなどないことを知っていました。ただ、初めて高級品を買って、そのときの快感が忘れられなくなったといいます。

「店員さんが私のことをとっても丁寧に扱ってくれて、何だか自分が偉くなったようないい気分になって、嬉しかったんです。この人には裏切られて気持ちが落ちているときでしたから、『このぐらい私だって使ってやる』と思ったんです」

英樹さんにカードを取り上げられた後も、そのときの気持ちが忘れられず、買い物がやめられなかったといいます。同じようなものを持っているし、別段いるわけではないのに、見るとつい買ってしまうのです。その後で、きまって買わなければよかったと思うのですが、やめられないといいます。

二人でカウンセリングに来てもらうと、互いに責め合って話し合いにならないので、別々に来てもらうことにしました。純子さんは自分のしていることをよくないことだと思っています。でも、イライラしたり、気分が悪くなるとついデパートに行ってしまうのだそうです。

「行かなきゃいいんですよね。分かってるんですけど」

純子さんは専業主婦で、子どもたちは大学生と高校生。高校生の娘は大学まで行ける学校ですから、受験の心配はありません。「二人ともしっかりした子どもたちで、私なんかいらないんです。私は何の役にも立たないんです。夫も私を必要としてません。何だか、空しいんです。ときどき自分は何がしたいんだろうって考えます。でも、分からないんです」純子さんは暗い表情です。

英樹さんには、純子さんが「空の巣症候群」で苦しんでいることを伝えました。自分の生きがいだった子どもが自分を必要としなくなると、母親は肩の荷が下りると同時に、言葉にできないような寂しさを感じることがあり、これをひな鳥の巣立ち後の「空の巣」状態にたとえて「空の巣症候群」ということ、この年齢の女性がかかりやすい症状だと説明しました。もちろん、子どもが大きくなったら誰でも「空の巣症候群」になるわけではありません。

・子育てが生きがいのように頑張ってきた人
・これといった趣味のない人
・あまり社交的でなく、心を割って話せる友達もいない人
・夫との関係がよくない人
・ストレスをためやすく発散しにくい内向的な人

こういった人たちがなりやすいと話しました。こうした良妻賢母型の人は、家事や子育てを頑張りがちです。どちらかといえばそのことで褒められ、それが生きがいになっ

ています。その生きがいがなくなるのですから寂しいのは当然です。一方夫の方は働き盛りで忙しく、生き生きしています。妻の寂しさを分かってやるどころか、英樹さんは、逆に
「暇があるんだから、何でも好きなことをすればいいじゃないか。うらやましいよ」と同情がありません。こうした寂しさが純子さんを買い物依存症に追いやっていました。
「ものが欲しいからではなく、寂しい時間を埋めるために、気持ちを上向きにするために買い物をしているのだ」と説明し、英樹さんも理解しました。これからの長い老後を考えたとき、今問題が起こったのはむしろチャンス。問題を放置しないで解決するよいきっかけです。かつては好きだった映画に二人で行ったり、子ども抜きで食事に行ったりする努力を重ねるうちに、少しずつ純子さんの笑顔が戻ってきました。娘たちにも母親の状態について話しました。
英樹さんは自分の浮気が発端でこうしたことが起こったことを反省し、夫として、家族として妻の依存症の回復に協力するようになりました。彼自身も、子ども中心の家の

中に居場所がない寂しさから逃げて、浮気に走ったといいます。

知らず知らずにアルコール依存症に

和彦さん32歳、麻衣さん30歳。二人は結婚して4年目のカップルです。麻衣さんは妊娠7ヶ月。3ヶ月後には女の子が生まれると二人とも喜んでいます。夫婦仲に問題があるわけではありません。問題は和彦さんの飲酒です。麻衣さんは和彦さんがアルコール依存症ではないかと心配し、和彦さんは「ときどき深酔いするだけで、彼女は心配し過ぎ」といいます。

酒飲みの人は、「フランスでは昼間からみんなワインを飲んでいるよ」とか、「飲んでいる人の方が長生きだという統計もあるよ」と、一生懸命飲酒の効用を主張します。お酒にプラスの面があるのは事実のようです。しかし、多量のお酒は心身によくない影響を及ぼします。

和彦さんは営業という仕事柄、外で飲む機会が多く、飲むとたいてい帰宅は12時を回ります。その間、麻衣さんは心配で仕方がないといいます。どこかで酔いつぶれていないだろうか。眠りこけて降りるのを忘れて、終点まで行っているのではないか。心配で、11時頃から電話を入れ始めます。何度もメッセージや電話があると、和彦さんはそれがうるさいと思い、出ないことが多くなります。そうなると麻衣さんの心配はさらに募ります。

「この間は熱海まで行っちゃったんですよ。ときどきですけど、けがをしていることもあるんです。どうしたのか聞いても覚えていないし、そこまで飲んでほしくないんです」

麻衣さんの心配はもっともなことです。和彦さんはそれが大げさだといいます。

今回相談に来た理由を聞くと「タクシーに乗って行き先も告げず眠りこけ、運転手が和彦さんを交番に連れて行き、朝まで警察のご厄介になった。朝になってもその間の記憶がないので、心配になった麻衣さんがアルコール治療病院に無理矢理連れて行ったところ、アルコール依存と診断された」というのです。和彦さんは病院からは処方された薬を飲んでお酒を飲むと気持ちが悪くなるので、取りあえず断酒をしていました。

「こんなことは初めてです。医者もカウンセリングを勧めるし、それで来ました」と全く悪びれたところがありません。

「僕って、本当にアルコール依存ですか？」和彦さんは診断を信じていないようでした。

そこで、どのくらい飲むのか、どのくらいの頻度で意識を失うのかなど、飲酒状態についていろいろ聞きました。

「そんなに多くはありません。12時過ぎまで飲むのはせいぜい週に一回か二回です」

「麻衣さんから電話がかかってきたときに、やめるわけにはいかないんですか？」

「自分も電話があったらやめようと思うんですが、一旦飲み始めるとやめられなくて、気がついたら12時を回っていて、ときどきどっかで寝てたりになっちゃうんです」

「その他の日は飲まないですか？」

「飲まない日もあるし、家で飲むときはたいていビール一缶とか二缶ぐらいです」

「それはやめられるんですか？」

「それ以上飲ませてもらえませんから。飲まないときは別に飲まなくてもいいんだし、アルコール依存というわけではないと思うんですけどね」

というのが和彦さんの解釈です。

アルコール依存症予備軍

一般の人が持つアルコール依存症の人のイメージは、毎日毎日飲んで酔っ払って、けんかをしたり暴れたり、仕事もきちんとできないだらしない人ということかもしれません。

でも、それだけではありません。お酒を飲むべきでないときにも飲んでしまう、飲み始めると飲む前に思っていた量より多く飲んでしまうなど、コントロールできないのがアルコール依存なのです。全国には80万人いるといわれていますが、アルコール依存症予備軍はその5倍以上の440万人もいるといわれています。

問題は予備軍です。彼らには自分が依存症だという自覚はありません。みんなと同じぐらいに飲んでいるだけだと思っています。一般に、アルコール依存は飲酒期間が長くなるにつれて進行します。若いうちはアルコール依存でなくても、20年以上飲み続けると確実に依存症になってしまいます。若いうちは体力があり、あまり影響を受けないのですが、年を取るに従って体力が減退し、アルコールの回りが早くなってくるのです。

和彦さんは穏やかで、優しい男性です。自分のしたことが麻衣さんを不安にさせて本当に申し訳ないと思っており、子どもの誕生もあり、お酒はやめたいと思っていました。

そこで、「なぜお酒を飲むのか、きっかけは？　いつ頃から飲酒を始めたか？」など、いろいろ話し合いました。お酒を飲み始めたのは大学に入ってからとのこと。もともと性格が気弱で、みんなの前で話しをするのが苦手だったのが、お酒を飲むと上手に話すことができて、みんなから話しが面白いと褒められた。そんなことがきっかけのようで、自分のセルフイメージについて聞いても、「そんなことを考えたことなんかない」ということでした。でも、それから自分について考え始めました。自分が尊敬する人、モデルと思う人。どうしてそう思うのか、自分はどうなりたいのかなど、いろいろ話し合いました。

「どうやら僕って人に合わせて生きてきたみたいです。人やその場の雰囲気に合わせて、自分がどうしたいか、どうなりたいかなんて考えたことなかったんです。でも、子どもが生まれるのを機会に自分について考えます。子どもにどんな父親と思われたいのかイメージしてみます」と言い出しました。

なりたい自分にすぐにはなれないけれど、その方向に少しでも自分を変えていこうとする努力を始めました。2年後、二人目の赤ちゃんを連れてやってきました。とても可愛い赤ちゃんでした。

「飲みたいときには飲みます。でも、飲みたくないお酒は勧められても飲まないでいられるようになったし、やめようと思ったらやめられるようになりました。早く家に帰って、娘とお風呂に入りたい気持ちの方が強くなったんです。子どもが生まれて強くなった気がします」と自分の変化を告げに来てくれたのです。

スマホ依存症の夫と会話がない

健一さん38歳、理恵さん36歳、結婚12年。二人は大学で知り合い、理恵さんは、結婚後も広告関係の職場で総合職としてずっと働いていました。下の息子が生まれたとき、二人で相談して仕事を辞め、専業主婦になることにしました。息子たちは9歳と、7歳です。仲のよいカップルで、とりわけ問題はありませんでした。ところが理恵さんは、このところ気持ちがふさいで、なぜかときどき涙が出てきたりするというのです。夫は神経内科に行って抗うつ剤を処方してもらうことを勧めますが、理恵さんは自分の気持ちの原因を知っています。それで夫を誘ってカウンセリングにやってきました。

理恵さんは「寂しいんです」と切り出しました。

健一さんは割合早く帰ってきて、子どもたちと一緒というわけにはいきませんが、ご飯も家で食べます。ところが、「家にいるときは、コンピューターの前か、スマホをいじっている姿しか思い浮かばない。食事を用意しながら理恵さんが話しかけてもスマホを触っていて返事は上の空。会話がほとんどない」と理恵さんは言います。食事中はスマホ禁止にしたところ、そばに座った妻の話は上の空で、かき込むように急いで食事を済ませ、ごちそうさまを言うやいなや、さっさとリビングに移動し、スマホゲームかSNSで自分一人の世界に入ってしまうといいます。お酒を飲むわけではないし、それほどお金を使うわけでもないけれど、何だか空しい気持ちになってしまうそうです。

健一さんの方は、一日中働いて疲れ、何もしたくない、ゲームが何よりの休息だといいます。学生時代から一人暮らしで、人とではなく、コンピューターやゲームなどと向き合って暮らすのが習慣になっていたのでしょうか。

「疲れているときって、何も考えたくないんですよね。ゲームしていると、ああ、やっとのんびりできた！　という気になれるんです」

人が仕事以外の時間をどう過ごすかは各人それぞれです。かつては、仕事帰りに毎晩飲み屋に立ち寄る人、パチンコ、麻雀で時間を過ごす人、競輪、競馬にのめり込む人もいました。彼らは家の中にはいないので、妻は不在に対して腹を立てていましたが、今は家という同じ空間にいながら、一人の世界に閉じこもることに対して腹を立てています。かつての存在のない寂しさから、今は体は存在しながら心の存在のない寂しさに変わってきているようです。一緒にいての寂しさは空しさを呼び、結婚生活に対してより疑問を持つようになるようです。

「理恵さんはいつのんびりするのでしょうか？」私は健一さんに聞いてみました。

「エッ、子どものいないときは、いつだってのんびりできるんじゃないんですか？」

多くの夫たちはそう考えています。でも、子どもの帰ってくるまでに朝の片付けから始まり、掃除、洗濯、夕食の買い物、食事作り……、そして子どもが帰ってくれば学校での話を聞き、宿題の面倒、習い事の送り迎えなど用事は山積みです。理恵さんがのんびりできるのは、お昼ご飯を食べている間だけだといいます。その間も、学校の役員としての打ち合わせ、ニューズレターの下準備に追われ、健一さんが考えているほど暇ではありません。

「自分が忙しいときはパートナーもそれなりに忙しいもの。自分がゆっくりしたいときはパートナーも同様です。少なくとも二人でのお茶のみ時間があってもいいんじゃないんですか？　何げない話、無駄話と思えることが人と人を一番結びつけるものなんですよ」という言葉に健一さんもうなずきました。それから、健一さんはゲームの前に理恵さんと少し話しをすることを心がけるようになりました。

ゲーム依存の夫とSNS依存の妻

世界保健機関（WHO）は2019年の総会で、オンラインゲームやテレビゲームのやり過ぎで日常生活が困難になる「ゲーム障害」を新たな依存症として認定した「国際疾病分類」最新版を承認しました。これにより、「ゲーム依存」もアルコールやギャンブルなどの依存症と並んで治療が必要な疾病となります。新疾病分類は2022年1月から施行されるとのことです。

今は、ネットを通じて知らない人とゲームで対戦したり会話をしたりしながら遊べる時代です。そして、子どもも大人もそれを楽しんでいるのです。妻から聞こえてくるのは「ゲームばっかりやっていて家事を手伝わない、子どもの面倒を見ない、人の話を聞いていない、部屋にこもってしまい話をしない、ゲームに課金して無駄遣いをする、ゲームに負けるとイライラオーラを出す」という不満の声です。

健一さんと理恵さんの例に見るように夫のゲーム依存で悪くなった夫婦関係について訴える妻たちが多くなりました。ご飯を作って後片付けをして、子どもをお風呂に入れてと、妻が休む間もなく働いている横で、夫がソファーに横になりながらゲームをしていたら腹が立つのは当たり前です。

「手伝って」と声をかけても「これが終わったらね』と言ったきり一向にやめる気配はなく、結局待ちきれず妻が片付けをする。それが済んだ後になって、「アレッ、僕がやるっていったのに！」という夫の言葉。その度にイライラがつのります。

ゲームに夢中になるあまり、話を聞いていなかったり、家族で過ごす時間をゲームに費やしてしまうなど、依存のレベルが高くなるとコミュニケーション不足にもつながり、だんだん家族の中から脱落していきます。

一方、ゲーム依存の夫と同じくらいＳＮＳ依存の妻もいます。「いいね」と言われるためにまるで別人のように加工した自撮り写真を載せる人、うらやましいと言われるためにわざわざ見えるようにブランド物を写真に写り込ませる人、すごいと言われるために『インスタ映え』を追いかけて長蛇の列に並ぶ人……これはゲームの世界で生きている男性と同様です。

夫も妻もどちらも現実の生活から逃げ、別の世界に居場所を求めているように思われます。体は存在しているのに心の存在していない寂しさは、不在の寂しさとは違う空しさを呼ぶようです。

正常と依存を分けるもの

多くの人はお酒を飲みます。ネットもします。LINEもします。パチンコをする人も多いでしょう。でも、たいていの場合そうした人を依存症とは言いません。依存症と正常の範囲とを分けるのは何でしょうか。

依存しているものは人それぞれですが、その行為によって誰かが困る状況になった場合を、依存というようです。アルコールの場合、酔いつぶれて家に帰ってこない、外でけんかになる、家族とけんかするなど周りを困らせます。しかも本人が覚えておらず、あとで後悔することもあります。

ゲーム依存の場合も、生活リズムがくずれ、朝起きられず学校や仕事に遅れたり、体調をくずすということが起こりがちです。

また、ギャンブルやお酒でお金を使いすぎるなどの問題も起きるでしょう。そのため本人も後悔し、もうやめようと思うのに一度始めるとやめられない。ほどほどにできない。このような状態にある場合は「依存」といえます。依存症かどうか判断するとき大事なのは、そのことによって本人や家族が苦痛を感じているのかどうかというのがポイントです。

自分が作り上げた脳の仕業

人は誰でも、不安や緊張を和らげたり、嫌なことを忘れたりするために、お酒を飲んだり、食べたり、ゲームをしたり、ＬＩＮＥをしたりすることはあります。ただ、それを繰り返しているうちに脳の回路が変化して、自分の意思ではやめられない状態になってしまうことがあります。これが依存症です。依存症は降って湧いた病気ではありません。自分が作り出した、ある意味では成人病に似た病気です。長い間の習慣や癖が積もり積もってできあがるものです。つまり、自分で自分をコントロールできなくなるのです。依存症はどんな依存であれ、適切な対応をしなければ、少しずつ症状は悪化していくといわれています。周囲がいくら責めても、本人がいくら反省や後悔をしても、また繰り返してしまうのは脳の問題だと言われています。決して「根性がない」とか「意志が弱いから」だけではないのです。なぜ自分の意志ではやめられない状態になってしまうのでしょうか。

私たちが考えたり感じたりできるのは、脳の中で神経細胞がさまざまな情報伝達を行っているからですが、アルコールが体内に入ると脳に侵入し、情報伝達の働きに影響を与えます。アルコールだけでなく薬物でも同様ですが、これらの物質を摂取すると、私たちの脳内ではドーパミンという快楽物質が分泌されます。お酒を飲んで気持ちよくなるのはこのドーパミンのせいなのです。この状態を繰り返していると、脳は快楽を求める欲求を強め、次第に脳内に回路ができあがるのです。

薬を飲んで治る病気ではない

ギャンブルなどで味わうスリルや興奮といった行動でも、同じように脳の中で報酬を求める回路が働いているのではないかといわれています。

いったんこのような状態に陥ると、ほどほどにできなくなったり、ほどほどが続かなくなったりしてしまい、もはや自分の意志でコントロールすることが非常に困難になります。脳が報酬（ごほうび）を求めてエスカレートしているため、本人がやめたいと思ってもどうにもならないのです。意志の弱さや性格の問題でもなく、もちろん最初から依存しようと思ってなるものではなく、自分で作り上げた脳の仕業なのです。

アルコールだけでなく、ゲームをやめられない、ネットをやめられない、何らかの依存をやめられない人に対して周りの人たちは、「根性がない」とか「意志が弱いから」と本人を責めがちですが、依存症は条件さえ揃えば、多くの人がなる可能性があるのです。「依存症」は自分の意思でやめたり、減らしたりすることが難しい脳の病気なのです。病気である以上治療は可能です。でもこの病気は薬を飲んで治る病気ではありません。生活習慣病と同じで、生活習慣を変えなければ治りません。習慣を変えるためには変えたことが喜びに変わるまでの期間、支えが必要です。まずは医者やカウンセラーに相談し、支え合う仲間を持つことが大切です。自分の意思が弱いと思い、それを恥だと思っていると隠す方向に動き、なかなか抜け出せません。同じような仲間を得ることで頑張っている仲間を見て、回復のプロセスに自分を乗せやすくなります。正しい知識を持ち、回復への希望を見いだすことが大切です。目標に向かって一緒に歩く人がいることが大きな支えになり、回復への力になるのです。

ちょっとひとこと

アルコール依存症の患者数は現在日本国内で80万人以上といわれています。では、どのくらいの量から「飲みすぎ」になるのでしょうか。

厚生労働省が推進する「健康日本21」によれば、1日ビール500ml、これは日本酒1合弱、焼酎なら100ml、ワイン2杯程度に相当します。1日の飲酒量がこの3倍以上になるとアルコール依存症になるリスクが高まると警告されています。

アルコール依存症が進むと、自分の内・外の世界で多くの大切なものを失うことになってしまいます。アルコール依存症は、早期に治療を始めればそれだけ治療効果が上がりやすい病気です。とくに依存症の手前できちんとした対策をとれば、肉体的な問題だけでなく社会的にも経済的にもより少ない損失で回復が期待できます。

第7章　人生100年時代の結婚生活

人生の醍醐味は60歳から

２０１９年に国内で１００歳になった人は８万人を超えたそうです。同年７月に発表された平均寿命は女性87・45歳、男性81・41歳となり、ともに過去最高を更新しました。これからの人生はまさしく１００年時代となります。子どもの巣立ったあとの結婚生活時間はかつてなく長いのです。それをどう過ごすかはこれからの夫婦の課題です。

「残り物には福がある」といいますが、実は子どもの巣立ったあとの30年、40年の人生にこそ福があるのです。今まで家族のために、子どものために定年まで働いてきた夫。家庭の中でいつも自分を後回しにして頑張ってきた妻。どちらも本当にご苦労さまでした。でももう、自由なのです！　これからの30年、40年はあなたがた二人のものなのです。子どもたちが成人式を迎えて大学を卒業した。就職をした。そのときのホッとした気持ち……。もう、自分がいなくても子どもは生きていけると感じたときの開放感。

ずっと張り詰め、頑張ってきたのです。でも、もう大丈夫。寂しさと引き替えに自由を得たのです。これからの未来にこそ、人生の醍醐味があるのです。

あなたはまず、いろいろな経験を経て、二十代の頃よりずっと賢くなっています。考える人になっています。常識も知識も増えました。体はまだ元気です。秋の収穫期のように、人生の実りを味わう季節なのです。どんなふうに、残りの人生を生きていきますか。

卒婚は日本的な知恵？

卒婚という言葉を聞いたことはありますか？　学校を卒業する、会社勤めを定年退職すると同じように、結婚にも卒業する時期があってもいいのではないかという意味で、杉山由美子さんが「卒婚のススメ」という本（２００４年）を書き、お互いが自分らしく生きるために卒婚を実践した六組の夫婦を紹介したことから広まった言葉です。

卒婚は離婚とは違うといいます。離婚のように夫婦関係を法律上断ち切るのではなく、法律上の夫婦という形は持続しながら、それぞれが自由に自分の人生を楽しむという前向きな選択だとのことです。したがって、必ずしも別居する必要もなく、同居しながらの卒婚というスタイルもありうるといいます。

「リンクハウス」の調査（30代～60代の妻200人へのアンケート調査）（2014年9月）で、「いつか卒婚したいですか」と聞いたところ、過半数の人が「はい」と答える結果になっています。

・一人の時間がほしい。何をするにも夫に報告とかが面倒なので（48歳・栃木県）
・田舎で暮らしたいと夫が言い出したら卒婚。私は田舎では暮らしたくないから（41歳・愛知県）
・子どもが成人して、今までしたいと思っていたけど我慢していたことをやりたいから（42歳・神奈川県）

・スポーツを思いっきり楽しみたい（54歳・大阪府）
・私の母が介護になったとき、遠方の地域なので夫とは卒婚になるかもしれない（53歳・東京）
・家事から解放されたい（46歳・福岡県）
・夫のことは好きだが、一度離れたらもっとお互い大切に思え、好きになると思う。同じ家の中で毎日一緒にいると当たり前のような存在になってしまうが、離れて暮らしてたまに会えば、新鮮で思いやりも持てると思う（40歳・埼玉県）
・同性の友達と自由に出かけたいとき（61歳・兵庫県）

意見はさまざまでしたが、「卒婚」希望者の中で多かったのは「一人の時間がほしいから」という理由でした。決して夫のことを嫌いになったわけではなく、自立した一人の人間として、干渉されずに趣味や友人との時間を楽しみたい、という妻の姿がイメージできます。逆に言えば、日本の妻たちは、それだけ結婚生活や夫に縛られて生きてきたのでしょうか。西洋の女性たちにそうした願望がないのは、それだけ結婚生活に拘束されず、自由であるということかもしれません。

よい関係をつくる努力を

卒婚の考え方は日本的だなというのが私の印象です。自己主張を続ければ、自分が傷つくか相手を傷つけるかになってしまいがち。それはしたくない。穏やかに、でも、自分の望む生き方がしたいという願いが生み出した生き方だと思われます。

そもそも結婚の目的は、生物としての子孫を残すという面もあるかもしれませんが、一番の目的はそうではなく、異なる人とぶつかり合う中で自分を磨き、成長させ、よりよい人間になる自己実現ではないかと考えます。山から転がってきたごつごつした石が、流れの中でいろいろなものにぶつかり、次第に滑らかな美しい姿に変化していく。結婚はその川の流れのようなものではないでしょうか。避けること、逃げることでは決して人は変わりません。踏みとどまり、苦しみ、知恵を使い、歩み寄るうちに人は変わり、成長すると思われます。

人生の終わりの大切な時期、もっと話し合い、互いに希望を述べ、理解し合い、自由になることはできるはずです。互いに日々変化していく様子を見せ合いながら、喜び合っていくことで、最後の最後のときに助け合える関係が築けるのです。

オープンマリッジとその危険性

聞き慣れない言葉だと思いますが、この考え方は1973年に社会学者のオニール夫妻が提唱し、実施したことから当時のアメリカで始まりました。その後下火になっていたのが、最近になってまた浸透し始め、増えてきています。

考え方は簡単です。結婚しているカップルが合意の上で互いの婚外関係を認めるというものです。宗教により一夫多妻を認めているところもありますが、一般的には結婚は二人だけの閉じた関係で、婚外の関係は認められていません。それをお互いに認めようというのです。

このメリットは何でしょうか。パートナーを愛しており、結婚生活は継続したいけれどもセックスの相性が合わない、満足でない。そういう人たちが結婚という枠に縛られ、不満を抱えたままに悶々と過ごすのではなく、別のパートナーと関係を結ぶことで、セックスと結婚生活を分けようというわけです。浮気や不倫で凌いでいても、どうしても後ろめたさや罪悪感がつきものです。でも、オープンマリッジで互いに束縛から放たれれば、罪悪感を持たずに、気持ちの上でも体の上でも自由になれるというのです。長い夫婦生活の中で、嫌でもセックスに応じなければならない、もっとしたくても我慢しなければいけないことがあったり、気持ちの上でもマンネリ化して一緒に居ても楽しくないことがあるかもしれません。そんなとき、夫婦公認で別の人と異なる話しをしたり、関係を持つことで気持ちが解き放たれ、元の関係も新鮮に感じられるようになるというのです。

何だかいいことずくめのようですが、本当にそうなのでしょうか？　危険はないのでしょうか。新しい相手の方を好きになってしまったらどうなるのでしょうか。子どもが生まれたらどうなるのでしょうか？　夫（妻）のパートナーに対して嫉妬を抱かないでいられるでしょうか。比べられるのではないかと不安を感じることはないのでしょうか。楽しんで帰って来た人を咎めず、にこにこと迎えられるものでしょうか？　妻が専業主婦である場合、経済的な問題は発生しないのでしょうか？　そんなことを考えると、オープンマリッジは共働きで、子どもを持たないと決めたカップルの場合にのみ成り立つように感じられます。とはいえ人生100年時代、子どもが巣立ち、自由になった中年夫婦が残りの結婚生活を楽しむためのひとつの形かもしれません。

結婚はバラ色でも墓場でもない

ユングは、人生の目的は「自分自身になること」だと言っています。自分が持って生まれたあらゆる能力を全て使い切ること。それがユングの言う「自分自身になる」ということです。「自分は未だ使っていない能力を持ってはいないか？　それは何か？」そう自問し、後半の人生では自分の能力を全部使い切ろうという考えです。

結婚はバラ色なものでもなければ、墓場でもありません。楽しいことも悲しいこともある普通の生活です。結婚前と違うことは、二人で歩んでいくこと、二人で作り上げていくことです。ときに平坦な、ときには山坂のある長い道です。でも、一人ではありません。二人で歩いていくのです。助け合い、励まし合うパートナーがいるのです。もちろん長い道のりの間には、腹の立つこと、イライラすることもあるでしょう。我慢のならないときもあるかもしれません。でも、それだけではありません。声を揃えて笑うこともあるはずです。二人だけが知っている秘密を共有することもあるでしょう。共通の目的に向かって、力を合わせ頑張ることもあるでしょう。お互いにお互いがそれぞれの人生の一部なのです。かけがえのない自分の歴史の一部です。そうした関係を作り上げていくにはまず、互いに正直であることが大切です。そのためのアドバイスがいくつかあります。

言いたいことは我慢せず、その場で言う

「まあいいや」と不満を言わないで小さな我慢を重ねていると、それはいつか積み重なって大きくなり、我慢できなくなり、爆発します。爆発によって、相手だけでなく自分自身をも傷つけてしまうかもしれません。

たとえ爆発しなくても、どこかでチクチクと相手を傷つけたり、嫌味を言ったり、無意識に「江戸の敵を長崎で取ろう」と、形を変えて必ず相手を傷つけます。

「けんかをすると女は昔のことをあれこれ持ち出す」と夫たちはよくいいます。それは、女性の中で解決していない問題があるからです。問題を解決しないままに持ち続けていると、必ずどこかで言いたくなるのです。でも、言いたいと思ったことは、後になって言っても解決しません。その場で言わなければ、解決にはつながらないのです。正直で

いて下さい。

相手を傷つけずに説得する方法

言いたいことを相手に言うことは大切ですが、相手を傷つけるようないい方をしてはいけません。相手を攻撃するのもいけません。攻撃されれば誰でも、自分を守ろうとするのが自然です。だからといって、言いたいことが十分相手に伝わらなければ、何にもなりません。

どうしたらいいのでしょう。こんなときによく使われるのは、「アサーティヴ（assertive）」という言葉です。アサーティヴというのはどういうことでしょうか。辞書で引いてみると、独断的とか断定的と出てきます。でも、それは正しくありません。アサーティヴというのは、相手を傷つけずに、しかも自分の言いたいことをしっかり言うという態度です。言い方の問題は本当に大切です！

どんなふうに言ったらいいのでしょうか。何を言ったらいけないのでしょうか。

1．話しを始めるときは「あなたは」ではなく「私は」で始める

「あなたはいつだって手伝ってくれないんだから」

「あなたには思いやりというものがないんだから」

こんなふうに言われると、「この間手伝ったじゃないか」とか、「そっちだって思いやりがないじゃないか」とけんかになります。言い方をちょっと変えてみてはどうでしょう。

「私はこれを手伝ってほしいんだけど」

「私の気持ちをもう少し考えてくれるかな？」

と優しく言われれば、「OK。手伝うよ」「気がつかなかった。ゴメン」と、けんかになりにくくなります。

「私はこう思う」「私はこうしてほしい」「私はこう感じた」のように、「私は」で話し

を始めれば、自分の気持ちを伝えるだけで、相手を責めていることになりません。

2．否定形で言わない

「あなたはこれ好きじゃないよね」「散歩に行かないでしょう?」「週末映画行けないよね?」「子どもの面倒頼めないよね」「晩ご飯要らないんでしょう?」

こんなふうにいわれたら、「どうして勝手に人の気持ちを決めつけるの?」と腹立たしくなるものです。


「あなたこれ好き?」

「一緒に散歩に行かない?」

「週末、映画に一緒にいってくれる?」

「悪いけど、ちょっと子どもの面倒見てもらえる?」

「今晩家でご飯食べられる?」などのように、もっと素直に、ストレートに自分の気持ちを伝えることが大切です。

3. 「何で」「どうして」を言わない

「何でそんなことするの」とか、「どうしてそんなにいい加減なの」と言われても、それが分かっていればしなかったはずです。本人自身になぜかは分かっていないのですから答えられません。ところが、答えないとまた攻撃されます。だから、黙ってしまうか、逆に怒りだしてしまうのです。

4. あいまいに言わないで、直接的に言う

「行ってきてくれるといいんだけどな～」ではなく、

「行ってきてもらえる?」

「散歩に行きたいんだけどな～」ではなく
「散歩に行くけど一緒に行かない?」とか「一緒に行こうよ」

「ここに棚があるといいんだけどな～」ではなく、

「ここに棚がほしいんだけど、つってもらえる？」と具体的に言われれば、相手に分かりやすく、応えやすいのです。

5. 命令形で言わない

「洗濯物取り込んで」「掃除して！」「買い物行ってきて」「お皿洗ってね」

子どもに命ずるように言われると、「俺を何だと思っているんだ」と内心カチンとくる夫は多いものです。大人が大人に何か頼むなら、「悪いけど洗濯物取り込んでくれる？」「買い物頼んでいい？」「皿洗いしてもらえる？」など、もう少し丁寧に言う必要があります。夫婦といえども、別の人格を持った大人なのです。

こうした細かなことが、夫婦の間でも大切なのです。夫婦は元々他人です。肉親ではありません。結婚したからといって肉親になった訳ではありません。確かに家族です。でも、生まれたときの家族とは違うのです。そのことを忘れてはいけません。

毎日一緒に生活をしていると、何かをしてもらうことがだんだん当たり前のことのようになりますが、「円満夫婦」を見ると、必ず「ありがとう」と感謝を伝え合っています。小さなことでも、感謝の気持ちを相手に伝えることの大切さが分かります。

結婚する上で覚えておきたい十カ条

海外Q&Aサイト『Quora』で投げかけられた質問「結婚する人にアドバイスはある？」に対する返答ですが、「これまでで最高の結婚アドバイス」などという感想が寄せられるほど秀逸な内容ですので、参考までに取り上げたいと思います。

発表したのは、オーストラリア在住の男性サム・ファハミさんです。人間関係を築く上で大切なことが述べられていますので、結婚に興味がない人でも参考になると思われます。

その1．「愛」よりも「尊敬」を大切に

もちろん「愛」は大切だけど、愛が消滅しても別れを選ばない夫婦・カップルもたくさん存在する。子どものため、経済的な安定のためなど、理由はさまざまだ。でも、「尊敬」できなくなった相手と一緒に暮らし続けることは不可能。生理的に受け付けられず、顔すら見たくなくなるだろう。「愛」は復活しても、失った「尊敬」は修復不可能なのだ。

その2．相手の「目」に惚れる

どんなに美男美女でも外見は老いていく。しかし「目」が衰えることはない。「目は魂の窓」という言葉があるように、どれだけ歳を重ねても、目を見れば相手の情熱や喜び、憧れなどが感じられる。相手の「目」に惚れよう。

その3．一緒に「地雷原」を突破する

パートナーが仕事で大変な思いをしたり、健康を害したり……結婚していれば、このような「困難＝地雷原」に行き当たる。この「地雷原」こそ、二人で一緒に

突破しなければならないものだ。自分だけ安全な場所に立ち、パートナーが一人で地雷原を超えるのを待っていてはダメ。あなたの助けなしに地雷原を突破できない場合もあるし、突破できる場合もある。いずれのケースでも、あなたはパートナーを失うことになる。

その4.「別人」になった相手を受け入れる

人は誰でも変わる。若き日に輝いていた魅力も、何十年分のゴタゴタに踏みつけられれば失われてしまう。神経質になり、繊細さを失い、怒りやすくなり、寛容さを失う……そんなふうに、パートナーが別人のようになってしまうこともある。変わらない人間はいない。「新しい自分と相手」を受けいれなければ、人生は堪え難いものになってしまう。

その5．「よきチーム」たれ

あなたとパートナーは、一つのチーム。だがリーダーが二人いれば、決まるものも決まらない。ときには相手に主導権を明け渡すことだって必要だ。結局は「向こう側に無事にたどり着けること」が大切なのだから。

ドライブ先で迷子になったとしても、落ち着いて協力し合い、争うことなく目的地に到達できれば「よきチーム」と呼べるだろう。

その6．互いの「欲」の量は違っている

性欲だって、食欲と同じ。お子さまランチ程度の量で足りる人もいれば、何人分もの食事でようやく満足する人だっている。自分と相手の欲の量が、同じだと思ってはいけない。どちらかだけ満足できない状態だと、浮気問題も勃発しかねない。自分の気持ち、要求、心配事を伝えあおう。

その7．パートナーと「友達」になる

何年か後、結婚生活のゴタゴタも片付いて、静か〜な日がやってくる。あなたとパートナーが共に過ごす時間もグッと増えるだろう。けれども一緒に過ごしても退屈で、話すことすらない状態なら、二人は「友達」でなかったことになる。友情とは、関係をしっかりとくっ付け、最後まで離れないようにしてくれるものだ。

その8．「よい時」を味わいながら、「大変な時」に備えよう

「末永く幸せに暮らしましたとさ……」なんて、おとぎ話の世界だけ。結婚生活は山あり谷あり。相手を「最高のパートナー」だと思う瞬間もあれば、「最悪のパートナー」だと思う瞬間もある。結婚はいつだって進行中のお話。「よい時」を喜び味わいながら、「大変な時」に備えよう。

その9．他のカップルと比べない

あなたの前にいるのは、ラブラブの友人カップル。二人は出会ったばかりのように、そこいら中に愛をばらまいている。そんなカップルを目の当たりにすれば、「私たちとは全く違う……」とため息の一つもつきたくなるのが人情だ。

でも、そのカップルがラブラブっぷりを「演じている」可能性だって十分ある。人前でショーを繰り広げるカップルだっているのだ。

その10．忍耐、忍耐、忍耐

壁に打ち当たったときは、いつだって「時が解決してくれる」ことを自分に言い聞かせよう。大きく息を吸って、ゆっくり息を吐きだす。忍耐が大切だ。

参照元：Quora / Sam Fahmy, used with permission.（英語）

執筆・小千谷サチ

いかがでしょうか。全部ではないとしても、納得することもあるのではありませんか？

結婚生活で大切な三つのこと

結婚生活で大切なことはたくさんあるでしょうが、私は次の三つが感じられるかどうかが大きなことではないかと考えています。これは親子間の関係でも大切なことですが、結婚においてはさらに大切と考えます。

1．愛し、愛されていることを伝え合う

思いや愛の伝え方は人によって違います。お互いが相手の愛の伝え方を知り、相手の愛の表現を理解し、それにそって互いに伝え合うことが大切です。

2. 互いに相手をコントロールしない

誰も相手をコントロールしようと意図しているわけではないのですが、自分でも気付かないうちに、無意識にコントロールしてしまうことがあります。これは、子どもの頃の家庭の影響が大きいようです。自分自身親にコントロールされてきたが、そのことに気が付かず、何もかもうまくいって現在に至っている人は、親と同じようになりがちなのです。というのは、コントロールは必ずしも悪いことばかりではないからです。野球のピッチャーが球をコントロールする、温度をコントロールする、怒りをコントロールする。全て大切なことです。自分をコントロールするのは大人として大切なことです。いけないのは、他人をコントロールしようとすることです。この方が便利、うまくいく、相手に喜ばれる、能率がいい、人に好かれる。何でもいいのですが、自分がやってみてよかったこと、自分がよいと思うことを相手のためという理由で、相手の気持ちも聞かず「絶対、この方がいいわよ」とすすめたり、「それはおかしいと思うわ」と自分の判断を押しつけたり、「そんなことをしたら笑われるよ」と自分の憶測で相手を批判していると、相手はうるさいと思うようになります。「勝手にさせて、子どもじゃないんだから」「自分のことは自分で決める」と反発するようになります。自立した大人は誰でも自分の行動は自分で決めたいものなのです。意見を求められて初めて、「自分はこう思う。こう考える」と伝えることは親切です。でも、聞かれもしないのに、先走ってあれこれ指示するのは「小さな親切、大きなお世話」なのです。

3. 取引的な関係性ではなく、「心のつながり」をもつ

子どもが小さいうちはお母さんがいなければ、生きていけません。そのためお母さんは子どものためにあれこれ世話を焼き、それを生きがいに感じる人は多いことでしょう。でも、だんだん大きくなり、ご飯を作る、洗濯をするぐらいしかすることがなくなり、それもだんだん必要なくなり、「もう、私は子どもにとっては何の役にもたたない。あんなにまとわりついた子が、全然しゃべりもしなくなった」と寂しく思うお母さんは多

いことでしょう。子どもが成長して嬉しい反面、寂しさも隠せません。夫婦の間でも、ご主人が忙しくて家でご飯も食べなくなり、毎晩夜遅くに寝に帰ってくるだけになってくると、「私の役目って何だろう」「私なんか、いてもいなくてもいい存在なのでは？」と疑問が出てくるかもしれません。夫の方は夫で、家に帰っても妻はテレビを見ていて、子どもはパソコンで、みんながそれぞれバラバラ。「一体俺はどういう存在なんだろう。お金だけ引き出せればいいATMって、俺のことかな？」などと寂しくなります。夫も妻も、実は家族との、妻との、夫との取引的な関係性ではなく「心のつながり」を求めているのです。そのことを正直に話してみてはいかがでしょう。

ちょっとひとこと

「自分の存在の意味って何だろう」と、誰でもふと考えることがあるものです。実はみんながそれを思い、何とかしたがっているのです。でも、伝えなければ何も分かりません。それぞれが「自分だけ寂しがっているのでは？」「そんな格好の悪いことは言えないな」と虚勢を張っているのかもしれません。人は虚勢を捨て、弱さをさらけ出すことで、相手も気楽になり、素直な自分を見せることができるようになるのです。

第8章　結婚を破壊する見えない要因

結婚生活では、「依存症」「セックスレス」「DV」「浪費癖」などさまざまな問題が発生し、それが結婚生活を破壊する可能性を秘めています。多くのカップルはその解決を求めてカウンセラーを訪れるのですが、実は、そうしたはっきりと目に見える具体的な問題ではなく、見えないものが結婚の破綻を引き起こす原因になることもあります。

子どもの頃の経験が尾を引いている

社会に出て20年、30年。家庭を持ち、子どもを持ち、大人として立派に生きている。そんな人の中に、思いがけないときに、子ども時代の自分が顔を出すことがあります。ときには幼児退行かと驚くこともあるかもしれません。人は心が弱ったとき、「誰かに守られていた昔に戻りたい」という気持ちになることがあります。ある種の自己防衛といえるかもしれません。ストレスが強かったり、どうしようもないと思える状況から逃げたいとき、人は「かつて誰かに守られていた頃、安全だった頃に戻れるなら戻りたい」という気持ちになります。それは決して異常なことではありません。立ち直りのために必要な一時的逃避と考えられます。

それとは異なり、人が過去に縛られていることがあります。心の発達が十分でなかった子ども時代に親から虐待を受けたり、両親の間の激しいけんかのために心が傷ついたり、恐ろしい事故や、事件を見てしまった場合、それをどう処理していいか分からず、処理できないままに心の傷（心的外傷）として残ることがあるのです。どんなふうに残るかはさまざまですが、過去のことはどうにもならないと分かっているし、考えたくはないのにしつこく何度も思い出されてどうしようもない。普段はすっかり忘れているのに、ときに悪夢となって出てくる。まるで、今現在起こっているような錯覚がフラッシュバックとなって襲ってくる。あるいは、かつての外傷に似た出来事に出合うと、自分ではなぜ苦しいのか分からないのに、苦しくて仕方がなくなることもあります。

こうした外傷に関連した事柄や人などを常に避けようとしたり、思い出さないように心が自然に動きだしてしまうと、学校や職場や人間関係から逃げて引きこもったりすることがあります。あるいは、そのときに感じた心の痛みを感じないように心を閉ざしてしまい、喜怒哀楽など、人間としての感情が乏しくなります。自分だけが他の人とは異なるという疎外感や孤立感を持ち、周囲に対しての興味が持てなくなることもあります。

そうした心的外傷体験をする以前には見られなかった「過剰反応」が起こります。小さなことにもビクッとしたり、物音におびえたり、ドキドキしたり、常に緊張している状態でいるため、疲れたり、怒りっぽくなり、眠れなくなったりすることもあります。

こうしたとき、人は誰でも自分を守ろうという防衛本能が動き始め、その人の心的外傷について知らない人には理解できないような言動を取ることがあります。それが結婚生活の中で起こると、配偶者は相手の心情を理解できず、信頼関係がマイナスになる危険があります。「配偶者に自分の過去の出来事をきちんと伝え、ときどき自分でもコントロールできない言動を放つことがあるかもしれない」と、前もって伝えることが大切です。そうすれば、配偶者は適切な対応がとれることが多いのです。そのためには、まず自分自身が自分の過去と向き合い、自分自身について知っていることが必要です。

過去の問題と向き合ってみる

私の所には、最初は夫婦の問題として来た人たちの中で、どちらか一方、あるいはそれぞれが、何か今まで向き合ってこなかった問題を抱えているのではないかと思われる場合があります。そのときは、別々に一人で来てもらうようにしています。そうすることで、ときに自分でも知らないままでいた自分を発見することがあります。また、自分では薄々知っていて、パートナーに伝えたかった、知ってほしかった、でも伝えられなかった問題がはっきりすることもあります。

カウンセラーと話し、自分の過去の問題と向き合い、理解した上で、自分の口からきちんとパートナーに伝える。あるいは本人の同意を得て私の口から伝えることがあります。こうして、互いに隠し事のない関係になると、気持ちが楽になるのか、不思議にその後の夫婦関係がうまくいくようになります。

「急に態度は変えられない、恥ずかしい」という人には、ときにはロールプレイをしてもらうこともあります。とにかく、変えたいという気持ちを持っており、どう変えたいかという目標を夫婦で互いに共有していれば、関係は必ず変わるというのが、30年にわたるマリッジカウンセリングで得た私の確信です。

育った家庭環境の影響

誰も自分の育った家庭以外の家庭を知りません。ときには友達の家、親戚の家などを見ることはあります。

「あそこのおばさんは優しくていいな」

「あそこの家は何となく遊びに行きたくなるな」と思うことがあります。でも、それはたまにのぞき見るだけの家庭です。毎日暮らすのは自分の家です。自分の家で普通のことは、よその家でもこんなものだと思うのが自然です。結婚して互いの育った家庭を見て、あるいは互いの家の話しをして初めて、違う家庭があるのだと知ります。

「へえ〜、そんなことして叱られなかったの」

「うちじゃ、親にそんな口利いたら大変だったよ」

「お父さんとお母さんが仲いいんだね。けんかとかしないんだ！」

「エッ！　ご飯のとき『いただきます』って言わないの？」

「朝起きて、『おはようございます』って言わないの？」

「親なんて、みんな叩くもんじゃないの？　どこの家でも」

互いに違いを発見します。そうか、妻（夫）の家庭は自分の家庭とは違うんだということを理解します。それでも、自分の育った家庭の方が平均的だと思うのが普通です。配偶者の家庭は特別なんだと思いがちです。ですから、二人で家庭を築いていくときにはなにも考えないでいると、無意識に自分の知っている、両親がやっていたやり方を受け継ぐのです。父親が台所仕事を分担してやっていた、掃除も分担していた家庭に育った人は、それが当たり前と思うでしょうし、「男は台所に入るものではない」という家庭に育てば、そういうものだと思うでしょう。自分の育った家庭と違うことをする相手を見て、「おかしい」「変だよ」と言ってパートナーを怒らせたり傷つけたりするかもしれません。「それぞれ育った家庭の違いは新しい家庭に影響を与える」と知った上で、それは「善し悪し」の問題ではなく、単なる「違い」であることを理解することが大切です。

両親の家庭内別居や離婚の影響

子どものために離婚を避けようとする多くの人たちがいます。子どもに両親のない生活をさせたくない。子どもが18歳になって家を離れるまでは夫婦でいよう、娘の結婚式までは形だけでも一緒にいようと決心している多くの親たちを、カウンセリングの中で見てきました。それで子どもは本当に守られているのでしょうか。正直なんとも言えません。

子どもというのは無力であるだけに、親が思っている以上に家庭の雰囲気に敏感です。ピリピリした空気。冷たい空気。暖かい空気。心地よい空気。子どもはそうした空気にさらされているのです。親たちは口を揃えて、「自分たちは子どもの前でけんかしないようにしています」と言います。けれども、子どもたちは知っているのです。そして、気付いていないように振る舞わなければならないとさえ思っているのです。そうしたプレッシャーに耐えられず、家の外で乱暴になったり、嘘をついたり、友達をいじめたり、逆に引っ込み思案になって誰とも口を利かなくなったり、いろいろな形で苦しみを訴えます。こうしたストレスの中に長時間いると、思考能力が鈍ったり、思考が停止してしまったりする場合もあります。この状態は、「緊張する」「あがる」「頭が真っ白になる」「凍りつく」「パニックになる」最近では「テンパる」などと表現されることもあります。

人は誰でも、ことに子どもの発達にはリラックスした、ホッとする環境の中で暮らすことが一番なのです。離婚は確かに一時的には子どもに不安やプレッシャーを与えるかもしれませんが、その後安定した環境が与えられれば、次第に落ち着いてくるかもしれません。両親が子どもに対する恩恵を優先し、離婚のあとの子どもへの対応を一緒に考え、協力し合えば、不仲のストレス下で長く過ごすより、子どもへの悪影響は少なくなるのではないでしょうか。

育てて初めて子どもとの絆が強まる

母親は子どもを無条件で可愛いものと思うと、多くの人が信じています。「女性にはもともと母性が備わっている」とか、「子どもを産めば自然と母性がわいてきて、子どもの世話をしたくなる」と妊婦に向かって本気で言う人たちがいます。一体どこの誰がそんなことを言い始めたのでしょうか。確かに、小さなもの、弱いものを見ると助けたい、世話したいという気持ちになります。でも、それは人間なら誰でもが思うことであって、とりわけ女性だから、母親だからというものではありません。また、自分自身がヘトヘトに疲れていたり、睡眠不足だったり、あれもこれもで忙しかったりすると、赤ちゃんに対する気持ちが二の次になることもあります。神話というのは、科学的な根拠もなく、あるいは誤った根拠の上に、権力者に都合よく作り上げられた物語なのです。もしかしたら、母親に育児を押しつけるため男性が作り上げた方便だったかもしれません。ただ、実際には押しつけられた役割であっても、小さなものを日々守り、愛しむ中で愛が生まれ、絆が深まってゆき、切っても切れない関係になっていくのは自然なことです。子どもは、産んだから可愛いのではなく、世話をし、育てていく中で愛情が育ち、それが母性になっていくのです。

レア（アメリカダチョウ）の雌は乳を与えるだけで、世話をするのは雄です。トゲウオ、レンカク、アメリカウシガエル、皇帝ペンギン、タツノオトシゴなどは全て、雄が子育てをして雌は参加しません。こんなふうに、動物の世界でも母親だけが子育てをするとは限らないのです。

親は、子どもを育てる中で親になっていき、子どもとの絆を強くしていくのです。この考え方は最近のイクメンといわれるお父さんをみているとよく分かります。「妻とは別れたいが、子どものことを考えると、親権が取れないなら離婚はできない」という父親たちが増えてきているのです。私のクライアントの中にも、「子どもと別れることを考えると辛くて、どんなことでも我慢しようという気になってしまいます」というお父さんたちが少なからずいるのです。こうした例を見ても分かるように、母親が、母親だけが子どもを無条件に愛するとは限らないのです。

よいことも悪いことも親から引き継ぐ

子どもをいかに育てるかは、実は学習によるところが大きいのです。人は、自分がされたようにすることが多いのです。なぜなら、初めての経験で、何の知識もなければ、自分が子どもの頃から見てきたこと、されてきたことをするのは自然なことです。こうして、よいことも悪いことも親から子へと受け継がれていくのです。

よく、アル中の家庭に育つと自分もアル中になる、あるいはアル中の人と結婚する、また親から虐待を受けて育つと、自分自身が虐待する親になってしまうといわれますが、それは本人自身の問題というより、他のやり方を学習していないため、知っていることを単になぞっている、繰り返しているということなのです。

こう考えると、無条件で愛されて育った子どもが大人になり、親になって、同じように自分の子どもを無条件で愛するのは納得ですが、それはとても恵まれた、幸せなことだと思います。一方、親に無条件で愛されなかった子どもたちが、自身の子どもたちを自分が親にされたと同じように、条件付きでしか愛せなくなりがちだということもうなずけることです。

そうならないために、自分の生い立ちを知り、多大な努力を払い、無条件で子どもを愛している親たちもたくさんいます。その場合、彼らは努力を重ねているのです。子どもも時代に苦しみ、大人になってからも自分が間違った方向に行かないように努力しているのです。こう考えてくると、「親は子どもを愛するもので、母親なら誰でも子どもを愛するはずだ」というのは神話に過ぎないことが分かります。全ては学習なのです。家庭以外では誰も教えてくれない学習であるだけに、家庭は大切なものであり、その役割を母親だけに押しつけず、父親もしっかり担っていく必要があるのです。

無条件で愛された子と条件付きで愛された子の違い

どんな育ちをしたかで子どもの将来が決まるのではありません。もちろんそれが全てというわけではありません。自分の未来を自分の意思で変えることはできます。大切なのは過去ではありません。未来です。未来を決めるのは自分自身です。ただ、過去について何も知らず、無意識でいれば親と同じことをしがちだということです。人は学習の産物で、その学習は多くの場合、家庭の中で行われるからです。その意味で、自分がどんな育ち方をし、どんな影響を受けているかを知ることは誰にとってもとても大切です。子どもの頃、無条件で愛された子どもや条件付きで愛された子どもはどんな特徴を持っているでしょうか。

無条件で愛された子ども

① 自分が愛されていることを知っている子ども、自分の存在を親が喜んでくれていると感じている子どもは、自分自身の存在に自信を持つことができます。

② 親から受け入れられたことで、自分に対して肯定感があり、あるがままの自分を受け入れ、自由に、好きに生きていけます。

③ 親に対して信頼感を持ったと同様に、他人に対しても信頼感が持てます。

④ 親に支配されず、自由で、のびのび生きてきたように、自分も子や他人を支配しようとはしません。

条件付きで愛された子ども（コントロールされた子ども）

① コントロールされた子どもは親の言うことをよく聞いて、親や社会の要求に十分応え、頑張るので、よい子になり、親や周りから褒められ、認められ、社

会的に成功することが多いようです。

②　親から社会から認められることで自信を持ちます。けれども、その自信には不安がついて回ることがあります。これでいいのだろうか？　自分はちゃんとやっているのだろうか？　自分の行動を自分自身で決めるのではなく、周りの評価に左右されがちです。そのため、評価されないと不安になります。

③　こうして、周りの目や評価が気になるので、自信と不安を併せ持つことになります。

④　自分をコントロールした大人を心底信頼できないと同様、他人を心の底から信頼できません。

⑤　自分が親や周りの言うことに合わせて生きてきたように、自分の子どもを自分に合わせようとします。特に、社会的に成功した人ほど自分の育てられ方は正しかったと信じ、同じことをしようとします。

⑥　周りの評価などの不安を解消するために、落ち込んだ気持ちを高揚させるた

めに、ときにアルコールや薬物に依存したり、不必要な買い物などに頼ることもあります。

「なりたい自分」をイメージする

自分は無条件で愛されてきたのでしょうか。それともコントロールされてきたのでしょうか。まずはそれをしっかり知ることが大切です。そうすれば自分が受けてきたかもしれない影響について知ることができます。その上で、自分は影響を受けたままでいいのか、変えたいのか？　変えるのならばどう変えたいのか、「なりたい自分」をイメージすることが大切です。その上で、「なりたい自分」の方向に向かって努力すれば、必ずいつか「なりたい自分」になることができます。でも、「なりたい自分のイメージ」を持たなかったら、親に育てられたままの大人になるだけです。そして、自分の子どもも自分と同じように教育することになりがちです。

結婚はチャレンジング

何の悩みもなく、ただただ幸せな人生などありません。第一、人は全くストレスを感じない生活を望んでいないのです。

エクササイズを考えてみてください。デレっと寝っ転がっている方がよほど楽なのに、どうして運動するのでしょう。「体にいいから？」それは納得です。でも、運動を続けているうちに、「もう少し激しく、もう少し長く、もう少し高度なものを」と、自分としては苦しいことを敢えて自分に課していきます。つまり、自ら自分にストレスを掛けているのです。それが鍛えるということであり、その結果、運動能力が高くなったり、記録が伸びたり、自己達成感が得られたり満足感が得られます。山登りをするときも、ゲームをするときも同じです。簡単なレベルをクリアすると、より高いレベルに挑戦したくなります。アメリカの心理学者、マズローは「人間は自己実現に向かって成長する」という考えを唱えています。つまり、人は成長欲求を持っており、チャレンジしたいのです。

結婚は実はとてもチャレンジングなものなのです。結婚はするのは簡単ですが、よい結婚を維持していくのは決して簡単ではありません。結婚という困難な課題に挑戦していく中で、人は成長し、人生の自己実現に向かっているのです。つまり、結婚という難しい課題には努力が必要なのです。

ところが多くの人は、結婚をゴールのように受け止め、そこでホッとして、リラックスして、努力を怠っているのです。怠けるというより、端から努力など必要ないと思っているのです。結婚で家族になるのだから、生まれ育った家族の間で努力がいらなかったと同様、努力なんか要らないと思ってしまいがちです。これは大きな間違いです。

結婚はいつでも解消できるもろいもの

英語にcommitmentという言葉があります。これは自分の意思で行う、責任を伴う契約、実行という意味です。この契約は当事者同士の意思が合致したときに成立し、両者の意思が合致しなくなったときに破棄されることになります。結婚はcommitmentの代表です。一組の男女が夫であり、妻である契約を結んだということなのです。親きょうだいとの関係はcommitmentではありません。ある家に生まれたらそれに伴って発生する関係なのです。結婚におけるcommitmentは、肉親との関係が途中で解約できないのとは違い、いつでも解消できます。つまりもろいものなのです。だからこそ、二人で水をやり、栄養を与えて大切に育てていかなければならないのです。そして金婚式を祝う頃には、互いに成長した二人を誇りに思い、喜び合い、自分たちの努力をたたえ合うことができるのです。自分たち二人の意思で作り上げた正に金字塔なのです。

よい結婚は互いの歩み寄りで

私は相談に来る多くのクライアントに、川の中の杭のたとえをよくします。結婚というのは、流れの速い川に二本の杭を立てて、その間に網を張るようなもの。何のために？　もちろん魚を捕まえるためです。ここでいう魚は人間としての成長であり、自分を高めることです。自分を高めたい欲求の強い人、チャレンジングな人ほど大きな網を張りたがります。つまり、自分とは違う人と結婚するのです。育った家庭環境が違い、地域が違い、ときには人種が違ったり、自分と異なる人に惹かれるのです。それは素晴らしいことですが、流れの速い川では、つまり人生にいろいろな思いがけないことが起こると、大きな網を張った杭はぐらぐらします。ときには石がぶつかってきて倒れることがあるかもしれません。それが離婚です。

では、近いところに杭を立てた方がいいのでしょうか。もちろんその方が安全です。

しかし、倒れることは少ないのですが網は小さく、魚はあまり掛からないでしょう。つまり、人間としての成長が少ないのです。たいていの人は自分とは異なる人に惹かれ、大きな網を張ります。大きな網を張るところまではいいのですが、危険を伴います。大切なのは、倒れる危険を避けるために、両方から少しずつ歩み寄ることです。安全で、しかも十分魚がかかるところまで歩み寄るのです。一方からだけの歩み寄りはいけません。両方が歩み寄らなければなりません。その歩み寄りが人を成長させるのです。楽しいことばかり期待して結婚した人は、この努力が面倒だったり、耐えられなかったりするかもしれません。でも、よい結婚というのはそういうものなのです。

五つの愛の言葉

愛し、愛されるという関係は私たちに安らぎを与え、幸せにしてくれます。人間の生存に空気が必要なのと同じように、日々の生活の喜びには愛が必要なのです。でも、どうときに愛を感じるか、自分の愛をどんなふうに伝えるかは人によって異なります。カウンセラー、作家、上級牧師でもあるゲーリー・チャップマン博士の著書、『愛を伝える五つの言葉』によると、人が愛を伝えたり、感じ取ったりするのには大きく分けて五つの愛の言葉があるようです。

1．肯定的な言葉で伝える（Words of affirmation）

相手を褒めたり、感謝したり、相手の元気が出るような励ましの言葉を使ったり、言われた人が嬉しくなるような、ポジティブな言葉で自分の愛の気持ちを伝えるというものです。子どもの頃親や先生に褒められて嬉しくなったり、やる気が出てきたりという思い出はありませんか。褒められることで、「受け入れられている」「愛されている」と感じる人がこれにあたります。

2．無言の献身（Acts of services）

なかなか上手に人を褒められない人。思っているのにどうしてもポジティブな言葉が出てこない人。口下手だったり、不器用だったりで、気持ちの伝えられない人で、ただただ相手の喜びそうなことを見つけて献身的に働く人がいます。ゴミ出しをしたり、壊れた戸棚を黙って修理したり、棚がほしいという妻のために日曜大工に精を出したり、ただ無言で働く人がこれに当たります。

3. 贈り物（Gift）

贈り物は相手に気持ちを伝える有効な手段の一つです。相手の喜びそうなもの、欲しがっていたものを贈ることで、相手は「ああ、私のことを考えてくれていた」「私のことを大切に思ってくれている」と感じるかもしれません。子どもの頃お母さんを喜ばせたくて、肩たたき券をあげたり、道ばたのタンポポを摘んで持って帰ったことはありませんか。結婚前の男女が贈り物を交わすのは相手を喜ばせることで愛を伝えたいという、その気持ちからです。

4. 一緒に至福の時を過ごす（Quality time）

一緒に散歩をしたり、ハイキングに行ったり、スポーツをしたり。あるいは、並んで音楽を聴いたり、一緒に映画や食事に行ったり。二人で過ごす時間を喜び、楽しむことで、自分たちは互いにかけがえのない存在である。愛し合っているなと感じ取るのがこれです。

5. 肌を触れあう（Physical touch）

手をつないだり、肩を寄せ合ったり、髪や背中をなでたり、もちろんキスやセックスしたり、スキンシップで愛を伝え合うのがこれです。赤ちゃんの頃から、お母さんになでてもらったり、キスしてもらったり、それを通して暖かい愛を感じ取ったことでしょう。

この五つの中であなたが妻や夫からしてもらって一番嬉しいこと、逆に、あなたが自分の愛を伝えるためにしたいことはどれでしょうか。黙々と働く親を見て、自分たち子どものために頑張っていると感謝してきた人は、妻が朝早くから自分のために弁当を作ってくれていると、「自分は愛されているな」と思い、嬉しくなることがあるでしょう。毎日遅くまで残業続きで疲れているのに、日曜日には黙って掃除を手伝ってくれる夫を見ると、「愛されている」と感じるかもしれません。両親が一緒にお茶を飲みながら楽しそうにおしゃべりしているのを見てきた人は、「二人で過ごす時間が何より大切」と思うのではないでしょうか。誰からも贈り物をもらったことがなく、寂しく思っていた人は、パートナーからの贈り物を何より喜ぶことでしょう。お父さんやお母さんに褒められて嬉しかった人は、感謝の言葉を大切に思うことでしょう。あなたがほしいもの、あげたいものは何ですか？　チャップマン博士は、それがあなたの愛の母国語だと言います。それでは、あなたのパートナーの愛の母国語は何ですか？

相手の母国語を知ることで会話が成り立つ

夫にとっては「肯定的な言葉」が愛の母国語でも、妻の愛の母国語は「無言の献身」かもしれません。夫が心を込めて妻を褒めたり、元気づけることで愛を伝えようとしても、妻は、ゴミ出しもしない、掃除も手伝わない夫は口先だけで、本当は自分を愛していないのだと思うかもしれません。こんな行き違いが起こらないように、自分の愛の母国語を知ると共に、パートナーの愛の母国語を知ることが大切です。

相手の母国語が分かったら今度はそれを自分の「第二言語」にすればいいのです。日本語が母国語の私たちが、外国人と仲良くするために英語を第二言語として学ぶようなものです。それには多少の努力が必要です。私たちが英語やフランス語スペイン語をマスターすれば、その国の人とコミュニケーションが取れます。誰だって、自分の母国語で話しかけてくれる人には親近感を持ちます。街を歩いていて、日本語で話しかけてくる外国人がいると、何となく心を開いて、親切にしてあげたくなります。パートナーの愛の母国語を学べば、パートナーとより深く心を通わすことができるのです。

自分はこんなに相手を思っている、愛しているのにどうも気持ちが通じない、分かってもらえないと思ったら、自分に問いかけてみてください。

「妻の（夫の）愛の母国語は何だろう?」

「自分は妻の（夫の）愛の母国語で話しているだろうか」とちょっと考えてみてください。もしかしたらあなたは日本語で、妻は中国語で話しているかもしれません。

互いの思いを長い間伝えてこなかった夫婦

恵子さんがそうでした。結婚して26年、52歳の主婦です。娘一人息子一人で、上の娘は既に社会人。仕事が忙しいらしく、帰ってくるのも遅く、食事はたいてい外で済ませてきます。下の息子も大学4年生で就職も決まっています。バイトで忙しく、家に居るのは稀です。夫は58歳。定年まで少し間があります。結婚したときから優しい人で、子育て中はいろいろ手伝ってくれました。子どもが相次いで生まれたため忙しくしている妻を気遣って、掃除、洗濯、庭仕事。もちろんゴミ出しは夫の役目です。子どもが小さいうちは日曜日には遊園地や、動物園、軽いハイキングにも行きました。夫に不満を持ったことは、ほとんどありませんでした。ところが、子どもたちが大きくなり、家のことにもあまり手助けがいらなくなった頃から、何となく寂しいなと思うようになりました。考えてみたら、夫とはあまりしゃべったことがありませんでした。いつも何かをしている人で、恵子さんは子どもとばかりしゃべっていました。夫はそれに不満を言うことはありませんでした。彼は帰りが遅く、休みの日には自転車で出かけるのが趣味でした。若い頃は誘われましたが、忙しくて断って、それ以来彼は一人で出かけます。どこに行ってきたのか、聞けば答えますが、自分からは話しません。「桜きれいだった？」と尋ねると、「うん、きれいだったよ」と答えるだけでそれから先は進みません。恵子さんも特別聞きたいという気が起きません。

恵子さんはそんな生活が息苦しく、英語学校に通い始めました。いずれ海外旅行に行きたいと思っていたのです。習い始めると勉強熱心な恵子さんはもっと、もっと上を目指したくなり、まず手始めに、海外ホームステイを考え始めました。夫に相談すると、「いいよ」という返事です。それでカナダのバンクーバーで3ヶ月のショート・ホームステイをすることになりました。今まで家から出たことのない恵子さんには、新しい世界は刺激的で、家庭から解放され、自由な空気を満喫しました。そこで見たホストファミリーの夫婦関係は自分たち夫婦とは全く異なるものでした。

帰ってきた恵子さんはとても積極的になり、英語を生かしたアルバイトを見つけ、働き始めました。急に積極的になり、生き生きとした妻を見るのは夫にとって嬉しい反面戸惑いもありました。世間知らずの娘を心配するような親のような気持ちで、「あんまり張り切りすぎると後が大変だよ」「会社ではバランスが大切だから、自分勝手に動き回ると、嫌われるぞ」など、アドバイス（夫はそう思っていました）しました。けれども恵子さんはやる気満々なのに水を差されるようで、夫はネガティブな人だと思い始めました。互いに褒め合い、笑い合っていたカナダで見た夫婦の関係と何と違うことか。夫をうっとうしく感じ始めました。そうしたとき、たまたまヨガのクラスで知り合ったアメリカ人男性と話すようになり、彼の誰に対しても分け隔てない、自由な考え方に惹かれて付き合っているうちに、一線を越えてしまいました。彼は日本滞在が長く、日本語も上手でした。将来を考えるとときどき不安になりました。離婚して、彼と結婚するという選択はありませんでした。彼は独身ですが、最初から結婚しないと宣言されていました。では、彼と別れて今まで通り夫と静かに暮らすか、となると、会話のない寂しい人生を、あと30年以上送ることはどうしても嫌だと思い、考えあぐねて私のところにやってきました。

子どもの巣立った後の後半の人生をどう生きるかは、夫婦共に大切な課題です。恵子さんの夫に一度来てもらうことをすすめました。

恵子さんは、「主人は何も考えていないと思います。何でそんなところに行くのか。二人で仲良くすればいいじゃないかと言うと思います」と断言しました。私は「ダメ元で言ってみてください」と頼みました。どうだったでしょう。夫は、渋々だったかもしれませんが、やって来ました。そして、「自分も定年後のことは考えている。親としての務めが終わった後、二人でどう過ごしていくかは課題だと思う。今まで何もしてこなかったので、どう話し合ったらいいのか分からなかった。妻が、カウンセラーという話を持ち出したので、もしかしたら話し合いのよいきっかけになるかもしれないと、来る気になったのだ」と言いました。恵子さんの全く予想もしていない展開でした。

夫は、自分の子ども時代、結婚してからのことを淡々とした話しぶりで語りましたが、結構雄弁でした。恵子さんは知らなかった夫の思いを聞き、妻に対する愛の深さを知り、涙を流しました。知り合った頃の思い出を二人で語ることもありました。二人とも忘れてはいなかったのです。ただ、伝え合っていなかったのです。もう一度伝え合い、二人の将来の夢を語り合う中で、もろくなっていた絆がもう一度、強く、太くなっていきました。

話さなければ何もわからない

私たちは長く一緒に暮らしていると、「この人はこういう人」「この人に言ってもダメ、分かってくれない」などと、確かめもせずに勝手に思い込みがちです。本当のところ人の心は分かりません。何を考えているのか、何がしたいのか、どう生きていきたいのか、話さなければ何も分からないのです。分かった気になっている、分かっているはずだと思い込んでいるだけなのです。思いを伝えるためには言葉が必要です。

カウンセリングで話すようになった夫は、きっかけを見つけたのか、家でも話すようになり、恵子さんもカナダで見た夫婦がうらやましかったことなど、正直に話すようになりました。男性の浮気は身体的な欲求によるところが多いのですが、女性の場合は寂しさを埋めたい気持ちが強いようです。

カウンセリングの課程で分かったことは、恵子さんの愛の母国語は肌を触れあうこと、時間をシェアすること。夫の愛の母国語は無言の献身だったのです。お父さんを早くに亡くし、そのためお母さんは家族のために身を粉にして働きました。二人の子どもを女手ひとつで大学に出したのが自慢でした。そのお母さんの働く姿を見て、愛するもののために働く、献身、自己犠牲が彼の愛の母国語になったのです。恵子さんの場合もお母さんは忙しい人でした。子どもが三人いて、恵子さんは長女なので、いつも我慢しなければなりませんでした。お母さんの膝の上で抱かれた記憶がありません。膝は弟と妹のものでした。お母さんにゆっくり本を読んでもらった記憶もありません。お母さんはいつも弟と妹の世話でした。そうした寂しさが、恵子さんの原点にあるのかもしれません。同じ状況の中でも、二人の愛の母国語は違うのです。そのことを知った恵子さんと夫は互いに納得し、相手の愛の母国語を自分の第二言語にする約束をしました。恵子さんの寂しさはなくなり、アメリカ人男性との関係も切れました。

人は育てられたように育つもの

私の好きな詩に、ドロシー・ロー・ノルト博士が書いた『子は親の鏡』（Children learn what they live）というのがあります。これは、人は自分が育てられたように育っていくものだという意味の詩です。読者の皆さんにもご紹介します。

子は親の鏡　　ドロシー・ロー・ノルト作

けなされて育つと、子どもは、人をけなすようになる
とげとげした家庭で育つと、子どもは、乱暴になる
不安な気持ちで育てると、子どもは不安になる
「かわいそうな子だ」と言って育てると、子どもは、みじめな気持ちになる
子どもをばかにすると、引っ込み思案な子になる

親が他人をうらやんでばかりいると、子どもも人をうらやむようになる
叱りつけてばかりいると、子どもは「自分は悪い子なんだ」と思ってしまう
励ましてあげれば、子どもは、自信を持つようになる
広い心で接すれば、キレる子にはならない
褒めてあげれば、子どもは、明るい子に育つ
愛してあげれば、子どもは、人を愛することを学ぶ
認めてあげれば、子どもは、自分が好きになる
見つめてあげれば、子どもは、頑張り屋になる
分かち合うことを教えれば、子どもは、思いやりを学ぶ
親が正直であれば、子どもは正直であることの大切さを知る
子どもに公平であれば、子どもは、正義感のある子に育つ
やさしく、思いやりをもって育てれば、子どもは、やさしい子に育つ
守ってあげれば、子どもは、強い子に育つ

和気あいあいとした家庭で育てば、
子どもは、この世の中はいい所だと思えるようになる

出典・『子どもが育つ魔法の言葉』（ＰＨＰ研究所）
copyright@1972, Dorothy Law Nolte, Ph.D.
石井千春訳

ちょっとひとこと

あるカップルが知り合うきっかけは、好きな音楽が同じ、旅行が好き、海が好き、山が好き、スポーツが好きなど、趣味や嗜好が似ていることから始まります。違うことにはあまり目がいきません。でも、結婚すると違いが目立ってきます。知らなかった！　まさか！　という違いもあるかもしれません。だから、自分たちがどんなふうに育ったか、どんなことが楽しかったか、嫌だったかなど、子ど

もの頃について話すことが大切になります。結婚すれば、現在だけでなく、過去も未来も含めたトータルな相手と付き合っていくのですから。一部だけ切り取った関係は成り立たないのです。

あとがき

振り返ると40年もカウンセラーを続けてきました。「カウンセリングというのはどんなことをしているのですか」とよく聞かれます。

第一は、寄り添うことと、離れることです。相談に来るのは、問題を抱えた人々です。にっちもさっちもいかない状況の中でもがいている人もいます。たとえ「そんなばかな」と思う話でも真実だと信じ、受け入れることです。クライアントは今どんな気持ちでいるのか、どんなに苦しいか、その苦しみを自分も同じように感じて寄り添うことです。そうしなければ、実際のものは見えてきません。

離れることも同様に大切です。だれも他者になりきることはできません。違いを知ることは相手を個人として尊重することでもあるのです。自分がクライアントと同じになってしまったら、クライアントと同じように出口が見えなくなってしまいます。離れているからこそ出口が見え、クライアントも安心して、一緒に出口を目指すことができるのです。

第二は、できるだけ自分自身を豊かにする努力です。カウンセラーが豊富な知識と経験、考えを持っていれば、自分の持つ宝の山の中から、クライアントに一番ふさわしいたとえを見つけたり、話ができるのです。また、自分自身が深い海の底から浮かび上がれる力を身につけておけば、クライアントのどんな話にも動じず、ありのままを受け入れ、一緒に浮上することができます。

三番目は、母であり、父であることです。昔は日本では厳父慈母という言い方をしました。父の愛は山のように高く、母の愛は海のように深いともいわれました。昨今は、父も母も同じになってしまいましたが、人間の成長には厳しさと優しさが必要です。クライアントの自主性を引き出し、自由に自分らしくいられることを尊重すると同時に、間違った方向に行こうとするときには立ちはだかり、それによってクライアントが自己修正することができる存在でいたいと考えています。

通常のカウンセリングとマリッジカウンセリングの違いは何でしょうか。鬱病やPTSD、拒食、過食などのメンタルカウンセリングでは、クライアントに自我の強さを獲得してもらうことが大切です。カウンセラーはクライアントの傍を離れず一緒に宝の山に登り、決して見捨てることはありません。カウンセラーはその山の頂上に素晴らしいものが待っていることを知っているので、クライアントが挫けそうになったとき、そのことを話し、頑張る気持ちを持ち続ける手助けをします。

マリッジカウンセリングはこれと少し異なり、クライアントの自我を強くすることが目的ではありません。もちろんそれは大切なことですが、当面は夫婦間に現在起こっている問題の解決が目的です。クライアントは短時間での解決を求めています。そのため、カウンセラーは意見や、考え、ヒントを提示し、その中から本人が納得できる解決法を一緒に考えなければなりません。そのために、カウンセラーは己の持つ全てを投じることになります。カウンセラーをどこまで信頼してもらえるかが大きなポイントになりますから、あくまでもクライアントに正直に向き合うことです。

カウンセリングに来られるカップルはさまざまです。結婚を控えた二人、結婚したての夫婦、70歳を過ぎた老年夫婦、日本人と外国人のカップル、同性のカップル……年齢、国籍、ジェンダーは多様です。

明らかに破綻していると思われる結婚生活を経済的な理由から、あるいは「子どもがかわいそうだから」と、何とか繕いたいと願う専業主婦。「子どもが小さいうちは母親が必要だから自分が我慢しよう」と頑なに離婚を避けようとする夫。このような冷え切った関係の中で、子どもは何をどう感じ、学び取るのでしょうか？

「結婚は一度したら一生続くもの」という考えは間違いです。二人の努力なしで、長くて幸せな結婚生活は送れません。人生100年時代を見据え、今までの結婚とは異なるスタイルや関係を作り上げていく努力と勇気が大切です。

長年カウンセリングを続けてきて、多くの人が変わるのを見てきました。それはクライアントにとっても私にとっても喜びでした。ただ、悩みを抱える全ての人がカウンセリングに来られるわけではありません。時間もお金もかかります。遠いから、費用が高いからという理由で躊躇してしまう人も多くいます。そういう人たちが本書を読むことによって、考えるヒントを得て、問題解決に向かう突破口を見つけて頂ければ何よりの喜びです。

長年にわたりカウンセリングを続けてこられたのは、問題と正直に向き合い、真剣に生きようと努力した全てのクライアントのお陰です。心からの感謝を捧げます。

本書の出版に当たり、編集者の榊原淳子さんには、著者の思いを受け止め、全面的な協力、助言を頂きました。

榊原さんのご努力なくして本書の出版はなかったと、心から感謝しています。

吉池安恵

著者紹介

吉池安恵（よしいけ　やすえ）

1964年津田塾大学英文学科卒業。1967年横浜国立大学教育学部専攻科（心理学）修了。1970年お茶の水女子大学人文科学研究科修士課程（教育心理学）修了。神奈川県障害者更生相談所心理判定員を経て渡米。1992年、ワシントン州ベルビュー市にてメンタルヘルスカウンセリングを開業。鬱病などの神経症、PTSD、拒食症、過食症などのカウンセリングにあたる。この間、マリッジカウンセリングも始める。2008年に帰国後、東京カウンセリングサービスにてマリッジカウンセリングを行う。

著書

「アメリカに学ぶ独立心を育てる教育」（あすなろ書房 1992年）、「妻に『いますぐ出て行って』と言われたら」（PHP研究所 2009年、2010年に日本テレビで「離婚シンドローム」のタイトルでドラマ化）

※カウンセリングを受けた方々の本文中の人物名はすべて仮名です。本名は使用していません。内容も本質を損ねない程度に変えてあります。

マリッジ カウンセリングブック

2021年2月10日　第一刷発行

著　者　吉池安恵
発行者　松岡佑子
発行所　株式会社 出版芸術社
〒一〇二－〇〇七三
東京都千代田区九段北一－一五－一五 瑞鳥ビル
ＴＥＬ　〇三－三二六三－〇〇一七
ＦＡＸ　〇三－三二六三－〇〇六七
ＵＲＬ　http://www.spng.jp/

カバーデザイン　冨島幸子
本文デザイン・組版　アジュール
印刷・製本　中央精版印刷株式会社

ISBN 978-4-88293-536-0 C0095